Alexa Kriele Beten mit den Engeln

Alexa Kriele

Beten mit den Engeln

Antworten der Engel auf Fragen zum Beten

KAILASH

KAILASH

Bibliografische Information Der Deutschen Bibliothek

Die Deutsche Bibliothek verzeichnet diese Publikation
in der Deutschen Nationalbibliografie;
detaillierte bibliografische Daten sind im Internet
unter http://dnb.ddb.de abrufbar.

Umschlaggestaltung: Weiss/Zembsch/Partner, Werkstatt/München
Produktion: Ortrud Müller
Satz: Nikolaus Hodina, München
Druck und Bindung: GGP Media GmbH, Pößneck
Printed in Germany

ISBN-10: 3-7205-2728-x
ISBN-13: 978-3-7205-2728-6

Inhalt

Vorwort
von Martin Kriele 9

Teil I
Beten – wie und warum? 11

Einleitung 13

Erstes Kapitel: Vorbereitung aufs Beten 15
1. Reinheit des Herzens 15
2. Praktische Hilfen 17
3. Übungen 19

Zweites Kapitel: Zu wem beten? 23
1. Trinität 23
2. Engel und Heilige 25
3. Gehör im Himmel und in den Innenräumen 26
4. Das mystische Wesen des Gebets 28

Drittes Kapitel: Wirkungen auf den
Betenden 31
1. Auf der körperlichen Ebene 31
2. Auf der Gefühlsebene 32
3. Auf der Gedankenebene 34
4. In den Innenräumen 35

Viertes Kapitel: Dank und Bitte 37
1. Dankgebete 37
2. Bitten für sich selbst 38

3. Unerfüllbare und nicht wünschenswerte Bitten 39
4. In Gottvertrauen bitten 40
5. Aus der Fülle heraus bitten 42
6. Sich beschenken lassen 43

Fünftes Kapitel: Fürbitte 47
1. Das Dreieck 47
2. Einmischung abwehren 48
3. Die verborgene Liebe aufdecken 49
4. Der Entschluss zum Glauben 52
5. Der Vorbehalt 53
6. Das Passende erbitten 55
7. Fürbitte für Gruppen 57
8. Fürbitte für Verstorbene 59

Sechstes Kapitel: Fürbitte um Genesung 63
1. Geist und Materie 63
2. Blockaden 66
3. Können wir von Jesus lernen? 68
4. Schritte zur Genesung 70

Siebtes Kapitel: Zur Wirkung von Bittgebeten 73
1. Sind Bittgebete nicht überflüssig? 73
2. Was können Fürbitten bewirken? 75
3. Monolog oder Dialog? 77
4. Antwort im Geschehen 80

Achtes Kapitel: Haltungen des Körpers und der Hände 85
1. Aufrecht 85
2. Stehen 85
3. Knien 86
4. Sitzen 87
5. Gehen 88
6. Liegen 89
7. Tanzen 90
8. Nach oben gestreckte Arme 91

9. Hände als Schalen 91
10. Hand aufs Herz 92
11. Gekreuzte Arme 92
12. Hände falten 92

NEUNTES KAPITEL: VARIANTEN DES BETENS 95
1. Laut oder still 95
2. Frei oder in Formeln 95
3. Allein oder in Gemeinschaft 96
4. Beten bei der Arbeit 98
5. Beten in der Natur 100
6. Beten mit der Natur 102
7. Beten mit Kindern 106
8. Beten im Jahreskreis 108

ZEHNTES KAPITEL: BETEN IM HEILIGEN GEIST 111
1. Der Vermittler 111
2. Die rúach 113
3. Künstlerische Darstellungen 117
4. Der Regenbogen 119
5. Regenbogenübungen 121

SCHLUSS 125

TEIL II
Zum Vater-unser 129

Vater 133
unser, ... 136
der Du bist 138
im Himmel, ... 139
geheiligt werde 141
Dein Name. 143
Dein Reich komme. 145
Dein Wille geschehe, ... 152
wie im Himmel so auf Erden. 162
Unser tägliches Brot gib uns heute. 170
Und vergib uns unsere Schuld, ... 180

wie auch wir vergeben unseren Schuldigern. 188
Und führe uns nicht in Versuchung, sondern erlöse uns von dem Bösen. 192
Denn Dein ist das Reich und die Kraft und die Herrlichkeit in Ewigkeit. 202
Amen. 204

TEIL III
Gebete 207

Vater-unser-Gesten 209
Vater-Gebet der drei Aspekte 211
Weiteres Vater-Gebet 212
Gelobt seist Du Christus 213
Sohnes-Gebete der drei Aspekte 214
Schutz-Ave-Maria 216
Ave-Maria der Weihnachtszeit 217
Ave-Maria der Passionszeit 218
Ave-Maria der Pfingstzeit 219
Sophien-Aspekt 220
Variante des Sophien-Aspekts 221
Bei Hilfsbedürftigkeit 222
Anrufung des Heiligen Geistes 223

Vorwort

Beten setzt das Vertrauen voraus, dass es Gott und die ihm dienenden Mächte gibt, dass das Gebet gehört wird und dass es etwas Gutes bewirken kann. Dieses Vertrauen, das früher selbstverständlich war und für einen großen Teil der Menschheit auch noch ist, ist in unserer Weltgegend einer weit verbreiteten Plausibilitätskrise gewichen: Ist Beten angesichts der Erkenntnisse moderner Wissenschaft nicht eine illusionäre Flucht aus den Realitäten, ein Ausweichen vor praktischer Eigenverantwortung? Schlimmer noch: Wurden nicht schon immer grausamste Inhumanitäten durch Gebete angefeuert? Ist also das Beten eine nicht nur törichte, sondern sogar gefährliche Verirrung? Sollten wir nicht lieber auf die Kräfte des Verstandes vertrauen, auf wissenschaftliche und politische Aufklärung?

Die Engel haben keinerlei Vorbehalte gegen wissenschaftliche und politische Aufklärung, im Gegenteil: Sie haben ihre bahnbrechenden Ideen ja inspiriert. Denn alles, was den Menschen mit den realen Gegebenheiten der Welt vertraut macht und ihm zu mehr Mündigkeit und Humanität verhilft, ist in ihrem Sinne. Dazu gehört aber auch, sich den realen Gegebenheiten des Himmels zu öffnen. Wer sich ihnen prinzipiell verschließt, ist kein konsequenter Aufklärer. Er hat traditionelle Autoritäten durch moderne Autoritäten ersetzt, die ihm verbieten wollen, mit Gott und seinen Boten in Kommunikation zu treten. Weiser wäre es zu fragen, wie man richtig betet.

Diese häufig gestellte Frage veranlasste Alexa Kriele zu zwei Sommerseminaren 2003 und 2005 über das Vater-unser und das Beten allgemein. Eine Woche lang konnten die Teilnehmer jeden Morgen den Engeln Fragen zum Thema stellen, Alexa »dolmetschte« die Antworten. Nachmittags war Gelegenheit, das Gehörte beim Wandern oder Malen nachklingen zu lassen. Die

Fragen waren so grundsätzlicher Art und die Antworten so klärend, dass der Wunsch entstand, sie einem weiteren Leserkreis zugänglich zu machen.

Die Engelstunden wurden regelmäßig durch Elion eingeleitet, der den Lesern der Bücher von Alexa Kriele wohl bekannt ist. Diese Einleitung haben wir nur einmal dokumentiert.

Die inhaltlichen Ausführungen stammen in erster Linie von Jerach, einem Herz-Jesu-Engel aus dem Friedensdom, der uns ebenfalls schon vertraut war. Er hat uns früher über die Gethsemanenacht[1] und die Auferstehung Christi[2] unterrichtet und uns in den Kreuzweg[3] eingeführt. Auch lehrte er uns den Umgang mit dem Wort: »Sprich nur ein Wort, so wird meine Seele gesund.«[4] Wer den unmittelbaren Dialog mit ihm sucht, findet ihn am leichtesten über das Karten-Set *Die Engel geben Antwort.* Dort stammen vor allem Worte von ihm, die die Klärung menschlicher Beziehungen zum Gegenstand haben; sie sind durch ein Herz gekennzeichnet.[5]

Die Texte haben wir wie immer dem Hohelehrer vorgelegt – dem »Lehrer der Lehrer« aus dem himmlischen Dom der Sophia. Er hat korrigiert, was wir nicht richtig verstanden hatten und einiges Erläuternde und Ergänzende hinzugefügt. Das haben wir nur angegeben, wo ganze Abschnitte von ihm stammen. Ich habe einige Anmerkungen angefügt, vor allem, um auf weiterführende Buchstellen zu verweisen.

Weihnachten 2005 *Martin Kriele*

1 Alexa Kriele: *Wie im Himmel so auf Erden. Die Botschaft der Engel.* Band 4, Kailash 2005, S. 98f.

2 ebd., Band 2, S. 102ff.

3 ebd., Band 3, S. 93ff.

4 ebd., Band 4, S. 327

5 Alexa Kriele: *Die Engel geben Antwort. 42 himmlische Botschaften.* Kailash 2005, Begleitbuch, S. 70

Teil I

Beten – wie und warum?

Einleitung

Elion: Seid alle herzlich gegrüßt! Im Himmel herrscht große Freude darüber, dass ihr euch hier zu einem Sommerkurs über das Beten versammelt habt. Ich bitte euch, zunächst einmal ganz aufrecht zu sitzen, nicht angelehnt, nicht aufgestützt, nicht gekrümmt, die Beine nebeneinander, die Füße auf dem Boden. Jetzt atmet ein bisschen gründlicher als gewöhnlich. Stellt euch vor, ihr sitzt unter einer Dusche, wo Lichtwasser auf euch herabströmt. Es ist ein zartes Hellblau bis Mittelblau, nicht zu dunkel. Bei jedem Einatmen nehmt ihr es in euch auf, beim Ausatmen schickt ihr es teilweise über die Füße in den Erdboden, teilweise um euch herum, bis ihr schließlich von einem blauen Lichtmantel umhüllt seid. Dieser bewirkt zweierlei: Er schirmt euch gegen die dunklen Wesen ab, zugleich öffnet er euch für die lichten Wesen.

Wenn ihr während der folgenden Stunden an diese Atemübung denken müsst, hat das einen Sinn. Dann verlangsamt euren Atem, nehmt wieder schützendes und öffnendes Licht auf und erneuert den euch umgebenden Lichtmantel.

Jetzt übergebe ich an einen Engel, der sehr eng mit dem Herrn verbunden ist. Stellt ihn euch so vor: größer als ein Mensch, gekleidet in Beige-Weiß. In der Höhe des Herzens ist ein Herz mit einem Kreuz in sein Gewand eingestickt, dem Symbol der Herz-Jesu-Engel. Das Gewand wirkt sehr schlicht, aber auch elegant und stilvoll. Er steht hier neben dem Ensemble aus Bibel, Blumen, Kerze und Weihrauchgefäß. Er wirkt sehr Ehrfurcht gebietend, zugleich aber auch sehr liebenswürdig und Vertrauen erweckend.

Habt keine Scheu, ihn anzusprechen und ihm Fragen zu stellen. Sein Name ist Jerach. Vielen von euch ist er ja schon vertraut.

Erstes Kapitel: Vorbereitung aufs Beten

1. Reinheit des Herzens

Jerach: Friede sei mit euch! Wenn ihr betet, tut ihr etwas höchst Wirksames. Das solltet ihr nicht unterschätzen. Der Himmel hört euch und wird euch nicht ohne Antwort lassen.

Deshalb solltet ihr euch vor dem Beten ein wenig einstimmen. Dazu gehört zunächst, dass ihr euch mit dem blauen Lichtmantel umhüllt. Er öffnet euch für den Himmel und schirmt euch gegen die Versuchung ab, das Beten für Inhalte zu missbrauchen, die von vornherein nicht licht sind.

Nicht wenige, die ohne diesen Schutz beten, missbrauchen das Gebet: sie wollen dem Himmel Anweisung geben, was zu geschehen hat. Er soll sich nach ihren Vorstellungen richten. Vor allem soll er in ihren Konflikten Partei ergreifen, Kriege, Schlachten, Kämpfe aller Art, selbst juristische und politische Auseinandersetzungen entscheiden und ihnen den Sieg gewährleisten. In den Gegnern sehen sie nicht selten Feinde, die das Böse verkörpern, weil sie der anderen Nation, Religion, Klasse oder Rasse angehören. Sie machen sich zum Maß der Dinge, meinen zu wissen, was gut und richtig ist, wer schuld und nicht schuld ist. Wie oft wurden schon auf beiden Seiten der Fronten die Waffen gesegnet! Kurz: dunkle Inhalte werden auf diese Weise in ein lichtes Mäntelchen gesteckt.

Der Himmel weiß natürlich, wie er das einzuschätzen hat und wie er damit umgeht. Das Problem ist aber, dass euch nicht nur der Himmel hört. Ihr werdet auch von den dunklen Wesen belauscht. Sie können nämlich Nutzen aus unangemessenen Gebetsinhalten ziehen. Angenommen, ihr bittet darum, einem anderen heimzuzahlen, was er euch oder anderen angetan hat. Dann werden die dunklen Wesen die Bitte aufgreifen und auf ihre Weise umsetzen. Sie sagen sich: »Diese Kraft nehmen wir uns, daraus machen wir etwas.« Sie fühlen sich aufgefordert und autorisiert, euch zu Machenschaften in ihrem Sinne zu verleiten.

Es kommt also darauf an, dass ihr die richtige innere Grundhaltung einnehmt, *ehe* ihr zu beten beginnt. Zwar gibt es ganz spontane Stoßgebete, z.B. einen Schrei aus tiefer Not. Die sollen euch nicht versagt sein. Aber normalerweise solltet ihr euch vor Beginn des Gebets kurz Rechenschaft darüber ablegen, warum und wofür ihr betet. Ihr könnt euch innerlich sammeln und in eine Verfassung bringen, die euch gegen den Missbrauch des Gebets durch die dunklen Wesen absichert.

Diese Wesen wollen mithören, ohne entdeckt zu sein. Schon dass ich euch das sage, ist eine Provokation für sie und macht sie wütend. Deshalb habt ihr euch mit einem blauen Schutzmantel umhüllt. Und deshalb bitte ich euch, mit diesem Kursus sorgsam umzugehen. Auch wenn ihr anderen Menschen davon erzählt, werden die dunklen Mächte mithören und Zugriff suchen. Überfordert andere nicht, sondern berichtet nur denen, die es wirklich interessiert und die – möglichst dreimal – gefragt haben. Aufklärung über das richtige Beten ist keine einfache und harmlose Sache. Sie verlangt von euch Offenheit, Aufmerksamkeit und Mitarbeit, aber auch Vorsicht.

Wer betet, sollte reinen Herzens sein. Hütet euch davor, in einem Zustand von Wut, Ärger, Zorn, Ressentiment, Neid, Eifersucht, Angriffs- oder Vergeltungsabsicht zu beten. Sucht euch zunächst in einen möglichst lichten Zustand zu bringen. Ich weiß: das ist leichter gesagt als getan. Ihr betet ja vielleicht gerade, weil ihr aufgewühlt, verletzt, enttäuscht, zerrissen seid, euch ohnmächtig fühlt und die Hilfe des Himmels sucht.

Beten ist Arbeit und braucht, wie jede Arbeit, ein gewisses Maß an Disziplin. Ihr meint: Beten bedeute, das Herz auszuschütten, die Wut hinauszuschreien, dem Vater die Verzweiflung vor die Füße zu legen? Beten hat aber nichts mit Müllablage zu tun, es ist eine anspruchsvolle, heilige Tätigkeit. Der Vater sieht schon, wie schwer euch das Herz und wie schwierig eure Situation ist, auch wenn ihr nichts davon sagt. Das heißt nicht, dass ihr es ihm nicht sagen dürft, sondern nur, dass ihr es in einem ruhigen Ton tun solltet.

Beten geschieht normalerweise nicht mit großen, dramatischen Gesten und unter aufwallenden Gefühlen, sondern fast sachlich, bescheiden, lächelnd. Es wirkt gerade dadurch berührend, dass es so wenig Pathos hat. Wenn Jesus gebetet hat, war das auch keine pathetische Veranstaltung, sondern hatte diese kleine, feine, stille Geste, selbst noch in der Gethsemanenacht, als er wirklich Grund hatte, tief aufgewühlt zu sein. Versucht auch ihr, euch für die kurze Zeit des Gebets zu disziplinieren und in innerer Freiheit zu beten.

2. Praktische Hilfen

Denkt einmal an die Situation eines Arztes in der Unfallchirurgie, dem sein eigener Sohn zur Operation gebracht wird. Er kann ihm helfen, aber nur, wenn er die Fassung behält, die Hände wäscht, die Arbeitskleidung anlegt und das Messer ganz professionell ansetzt, mit kühlem Kopf und ruhiger Hand. Ähnliche Schritte solltet ihr vor dem Beten tun. Beginnt mit ganz praktischen, äußeren Handlungen.

a) Erster Schritt: *Reinigen.* So wie sich der Arzt zunächst die Hände wäscht, reinigt euch innerlich vor dem Gebet. Werdet euch bewusst, dass eure Gefühle vielleicht nicht ganz rein sind. Fragt euch, wie viel Wut, Angriffslust, Vergeltungsbedürfnis usw. in euch sind und wascht sie weg. Es ist hilfreich, sich tatsächlich die Hände zu waschen. Reinigt auch den Raum, indem ihr ihn z.B. kurz durchlüftet, eine Kerze entzündet, die Bibel aufschlagt, und schließt die Tür. So wird es euch leichter werden, zu innerer Ruhe zu kommen.
b) Zweiter Schritt: *Tief durchatmen.* Es kommt darauf an, zu einer Grundstimmung des reinen Herzens zu finden. Wenn ihr ein schweres Herz habt, ist es nützlich, einmal tief zu seufzen und Kummer, Verletzungen, Sorgen und Ängste auszuatmen.
c) Dritter Schritt: Stellt euch das Bild eines *arglosen Kindes* vor Augen. Es scheint euch vielleicht unbedarft und unrealistisch. Das ist es aber nicht, es ist nur unberührt von Verlet-

zungen, Unterstellungen, bösen Mutmaßungen und Zweifeln. Das arglose Kind, das ihr einmal gewesen seid, ist nach wie vor ein Teil von euch und wird es bis an euer Lebensende bleiben. Ihr braucht euch nur daran zu erinnern und zu entscheiden: Jetzt, wo ich mich zum Gebet rüste, will ich mir gestatten, arglos wie ein Kind zu sein, das nichts Böses kennt und erwartet.

d) Vierter Schritt: Sucht eines von den *sicheren Grundgefühlen* auf, die für die dunklen Hierarchien unzugänglich sind. Dazu gehört in erster Linie die *Dankbarkeit*: Was gibt es, wofür ihr dankbar sein könnt? Oder wählt die *Freude*: Bedenkt, was euch Anlass zu einer freudigen Stimmung geben kann. Oder wählt die *Hoffnung*: Es wird sich alles zum Guten wenden, wenn ihr nur genügend langen Atem habt. Oder wählt das Verständnis oder die Vergebung oder sogar die *Liebe*. Ihr könnt natürlich nicht plötzlich alle und alles lieben und von Liebe überströmen – überfordert euch nicht. Aber es gibt doch Menschen oder Dinge in der Natur, die ihr liebt. Vergegenwärtigt euch, wen oder was ihr liebt und haltet euch daran fest.

Wer das alles nicht schafft, sollte wenigstens versuchen, in die innere Haltung der *Offenheit* zu kommen: »Wenn das Schlechte möglich ist, wie ich erfahren habe, dann kann auch das Gute und Schöne einmal möglich werden. Alles ist möglich, also ist auch das Gute möglich.« Gebt dem Himmel und der Erde wenigstens eine faire Chance.

Wenn ihr in einer solchen Grundhaltung betet, wird die dunkle Seite auch mithören, aber sie kann dann nicht eingreifen. Wenn ihr hingegen in dunkler oder gedrückter Grundhaltung betet, kann sie versuchen wirksam zu werden, und sehr oft wird es ihr auch gelingen. Also könnt ihr nicht darauf setzen, durch das Gebet in eine lichte Grundhaltung zu kommen, sondern die lichte Grundhaltung muss vorangehen.

3. Übungen

Wie können wir es denn schaffen, uns so »aus dem Stand« in die nötige lichte Grundhaltung zu versetzen?

DER HOHELEHRER: Euer Lebensweg ist ein ständiges Schreiten von Raum zu Raum im Sinn von Ort, Zeit und Stimmungen. Ihr bewegt euch durch Wohnungen, Straßen, Städte, Landschaften, durch Zeiträume – Stunden, Jahreszeiten, Lebensphasen – und so auch durch Stimmungen und Lebenshaltungen. Diese können ziemlich dunkel und vernagelt oder auch hell und offen sein. Fragt euch öfter mal, in was für einem Raum ihr euch gerade befindet und wie ihr euch darin fühlt. Dann könnt ihr leichter mit euren Stimmungen und Einstellungen umgehen. Die Pointe dabei ist nämlich, dass ihr den Raum verlassen könnt. Es bedarf nur des Entschlusses, in den Raum der Freiheit zu wechseln, d.h. in den *Raum des reinen Herzens.* Dazu gebe ich euch zwei

ÜBUNGEN:

Erste Übung. Stellt euch vor, ihr befindet euch in einem langen Flur mit vielen Türen und hinter jeder Tür ist ein Raum: *Rechts* der Raum der Dankbarkeit, der Raum der Freude, der Raum der Hoffnung usw. Ihr entschließt euch beispielsweise, den *Raum der Dankbarkeit* zu betreten.
Was seht ihr da für einen Farbton, was für Bilder an den Wänden, wie duftet es, was hört ihr, in welchem Ton wird gesprochen?
Ihr habt ja alle schon einmal die Erfahrung gemacht, dass ihr dankbar wart und dass man euch dankbar war. Ihr spürt die Atmosphäre um euch herum, die ihr damals erlebt habt, die Freude, die Zuwendung, die Herzlichkeit, die Positivität. Lasst die Atmosphäre lebendig werden und wirken, haltet euch ein wenig in diesem Raum auf. Dann beginnt zu beten – und ihr werdet sehen: ihr befindet euch in der notwendigen lichten Grundstimmung, auch wenn das ursprüngliche Motiv eures Gebets nicht ganz licht gewesen sein sollte. Die grauen Elemente bleiben außen vor, die lichten sind wohl behütet.

Auf der *linken* Seite befinden sich auch Räume: der Raum der Sorge, der Raum der Angst, der Raum der Wut, der Raum der Rache usw. Da solltet ihr nicht hineingehen, aber irgendwann einmal ausnahmsweise kurz die Tür öffnen und sofort wieder schließen, oder wenigstens einmal durchs Schlüsselloch gucken. Der kurze Blick genügt, um euch zu überzeugen, wie schwerwiegend es wäre, wenn ihr in einem solchen Raum, d.h. aus einer solchen Grundhaltung heraus beten würdet.

Zweite Übung. Versucht euch mal daran zu erinnern, an welchem Ort ihr am meisten das Gefühl hattet, »ganz Ich« sein zu können, wo ihr durchatmen konntet, nicht angegriffen und verletzt wurdet: ihr hattet ein Himmelsgefühl, konntet vorbehaltlos zu euch »ja« sagen, habt niemanden gestört. Vielleicht war es in Großmutters Sessel oder unter einem blühenden Apfelbaum oder auf einer Kirchenbank oder in der Küche oder am Meeresstrand. Nehmt das Bild in eurer Vorstellung wie ein Foto zwischen die Hände, verkleinert es so, dass es in ein Medaillon passt und platziert es in euch: im Herzen, hinter der Stirn oder wo ihr sonst wollt. So gebt ihr einem idealen Raum, dem *Raum der Freiheit* in euch ein Zuhause.
Immer, wenn ihr euch von nun an unfrei und in Bedrängnis fühlt, berührt die Stelle körperlich und sucht diesen Raum auf. Ihr werdet sehen: Er entfaltet sich, umgibt euch, sichert euch. Jetzt könnt ihr beten.
Aus diesem Raum heraus werdet ihr aber auch sonst überzeugender wirken können. Ihr werdet beispielsweise in einer Diskussion dem anderen zuhören, werdet souverän, besonnen, humorvoll antworten, die anderen zum Lächeln bringen, das Entscheidende sagen, das weise Wort finden.

Nun habt ihr euch also gereinigt und, so gut es geht, zur inneren Ruhe gefunden, ihr habt geseufzt, ihr habt euch des »arglosen Kindes« in euch erinnert, und ihr habt euch in einen Raum begeben, in dem ihr eine sichere Grundhaltung findet. Nun könnt ihr freimütig zu beten beginnen. Ihr habt das Gefühl: so heilig war ich noch nie wie jetzt, da ich in ein Zwiegespräch mit dem

Himmel eintrete. Ihr werdet Worte finden, die euch im Alltag kaum in den Sinn kommen, Worte von wunderbarer Schlichtheit und Herzenswärme. Ihr werdet eurem Gegner nichts Böses, sondern etwas Gutes wünschen und damit auch euch gut tun. Ihr werdet vielleicht Tränen vergießen – das ist nicht verboten, nichts ist verboten! –, aber es wird ein Lächeln unter Tränen sein, ein Weinen aus Ergriffenheit. Je reineren Herzens ihr seid, desto wirksamer ist euer Gebet.

Es ist auch hilfreich, sich zum Beten in einen äußerlich geheiligten Raum zu begeben, beispielsweise in eine Kirche. Das kann euch unterstützen und bestmögliche Bedingungen schaffen. Aber das allein genügt nicht, um euch gegen die Einflüsse der dunklen Mächte abzusichern. Es bedarf des reinen Herzens und deshalb des Aufsuchens eines gesicherten Raums in eurem Innern.

Es gibt natürlich Situationen, in denen ihr diese Schritte der Vorbereitung nicht in aller Ausführlichkeit gehen könnt. Ihr sitzt beispielsweise im Auto, habt die Hände am Lenkrad. Ihr könnt sie nicht waschen. Ihr könnt aber einmal kurz durchatmen, euch in Sekundenschnelle das Bild des »arglosen Kindes« vor Augen stellen und dann z.B. das Wort »Dankbarkeit« aussprechen. Damit schafft ihr schon einen gesicherten Raum. Die himmlische Mutter umhüllt euch mit ihrem blauen Lichtmantel, und die lichten Engel sind schon zur Stelle.

Zunächst ist aber wichtig, die Schritte der Vorbereitung in aller Ausführlichkeit zu üben, sodass sie euch zur Selbstverständlichkeit und zur Gewohnheit werden können. Wichtig sind – auch in diesem Bereich – Disziplin und Ausdauer. Ihr braucht es nicht zu machen wie Jesus, der morgens, vor dem Mittagessen, nach dem Essen, abends und noch einmal nachts gebetet hat, wie es euch am Beispiel des letzten Tages vor dem Abendmahl geschildert wurde.[6] Aber ihr solltet wenigstens eine bestimmte Zeit am Tag festlegen, zu der ihr betet, am besten morgens nach dem Aufstehen, und euch dann konsequent daran halten.

6 Alexa Kriele: *Wie im Himmel so auf Erden. Die Botschaft der Engel.* Band 4, Kailash 2005, S. 90ff.

Zweites Kapitel: Zu wem beten?

1. Trinität

Wendet euch *immer zuerst an Gott.* Nicht ohne Grund ist das Vater-unser das Gebet, das euch Jesus gelehrt hat. Das bedeutet nicht, dass ihr immer zuerst das ganze Vater-unser sprechen solltet, wohl aber, dass ihr immer zuerst den Vater anrufen solltet, auch wenn ihr die Mutter oder den Sohn oder den Heiligen Geist um etwas bitten wollt. Beginnt also immer mit: »Lieber Gott« oder »Gott im Himmel« oder »himmlischer Vater« oder »mein Vater« oder wie es euch lieb ist. Dem Vater gebührt in allererster Linie Dankbarkeit und Lobpreis.

Wenn ihr euch als Erstes an den Vater wendet, so nicht, weil er das angeordnet hätte, sondern weil alle im Himmel es so wollen. Sie sind ja Geschöpfe Gottes, verstehen sich auch so und halten es für eine Frage der Höflichkeit und des Respekts. Verstoßt ihr gegen dieses ungeschriebene Gebot, wird die Mutter ihm sagen: »Entschuldige, er wusste nicht, dass das ungehörig ist.«

Habt ihr nun persönliche Anliegen wie die Bitte um Schutz und Führung in einer konkreten Situation, so stehen euch zwei Möglichkeiten zur Verfügung. Entweder ihr belasst es dabei, sie dem Vater vorzutragen. Dann werden sich diejenigen mit angesprochen fühlen, die die Aufgabe übernommen haben, euch im Dienst des Vaters Schutz und Führung zu gewähren: die Mutter, der Sohn, der Heilige Geist, euer Schutzengel, euer Führungsengel. Der Vater wirkt durch sie, und derjenige, der in der jeweiligen Situation am ehesten in der Lage ist, eure Bitte zu erfüllen, wird das Geeignete tun. Der Himmel hört euer Gebet zum Vater mit, und der Betreffende weiß auch ohne besondere Aufforderung: »Das geht mich an!«

Oder ihr möchtet denjenigen, auf dessen Hilfe ihr besonders hofft und vertraut, unmittelbar ansprechen. Das könnt ihr tun, aber auch dann bitte erst in zweiter Linie. Sprecht zunächst den Vater an und erst danach den Betreffenden. Es ist so ähnlich, wie wenn ihr einen Brief so adressiert: »An den Minister ... zu Händen von Herrn Ministerialrat X.« Dann wird euch entweder Herr X antworten oder ein anderer Beamter wird euch mitteilen, X habe den Brief aus Zuständigkeitsgründen weitergeleitet und ihn gebeten, sich der Sache anzunehmen. In beiden Fällen ist der Unterschrift vorangestellt »i. A.«, das heißt: »im Auftrag« des Ministers. Im Himmel arbeiten alle im Auftrag und Dienst Gottes.

Da ihr also zuerst Gott ansprecht, richtet innerlich den Blick auf ihn: geradeaus und nach oben. Er ist natürlich überall, er ist auch in euch; ihr könnt auch in das Zentrum eurer Innenwelt blicken. Der Blick geradeaus nach oben ist aber hilfreich, um euch das Gefühl zu geben, dass ihr den Blick als Erstes auf den Vater richtet.

Auch wenn ihr die Hilfe der himmlischen *Mutter* erbitten wollt, wendet euch zuerst an den Vater. Es hat seinen guten Grund, dass im Rosenkranz immer zuerst das Vater-unser gebetet wird und dann erst das »Gegrüßet seist du Maria«. Das ist ganz im Sinn der himmlischen Mutter. So solltet ihr es auch dann handhaben, wenn ihr nicht diese Grundgebete sprechen, sondern »sofort zur Sache« kommen wollt. Das dürft ihr ohne weiteres tun, aber bitte zuerst die Ausrichtung auf den Vater und dann erst auf die Mutter.

Dasselbe gilt, wenn ihr zum Herrn *Jesus Christus* beten wollt. Gewiss, er ist »eines Wesens mit dem Vater«, aber er ist innerhalb der Trinität der Sohn. Er hat euch während seiner Erdeninkarnation das Vater-unser gegeben und hat selbst zum Vater gebetet, und das heißt: er hat euch gelehrt und vorgelebt, dass ihr euch auf Gott hin orientieren sollt. Die unmittelbare Anbetung gebührte Jesus, als er sich als Mensch inkarnierte, also im Weihnachtsgeschehen: das Kind in der Krippe wurde mit Fug und Recht angebetet. Aber als Erwachsener hat sich Jesus nicht anbeten lassen, sondern euch an den Vater verwiesen. Habt ihr euch an den Vater gewandt, dann dürft ihr auch den Sohn ansprechen und ihm eure Anliegen vortragen, und er, euer Bruder, der in euch und über euch ist und der an eurer Seite schreitet, wird sich gern und liebevoll ihrer annehmen.

Dasselbe gilt natürlich auch für den *Heiligen Geist.* Er geht ja aus »vom Vater und vom Sohn«, wie es im »Großen Credo« heißt, darüber hinaus auch von der himmlischen Mutter. Denn Sohn, Mutter und Heiliger Geist haben ihren Ursprung im Vater. Erbittet ihr beispielsweise Erleuchtung, so erbittet ihr göttliche Erleuchtung, also wendet euch zunächst an den Vater und dann erst an den Heiligen Geist.

Anbetung im Sinne des Lobpreises gebührt allein den Personen der Trinität oder der Trinität insgesamt.

2. Engel und Heilige

Mit *Engeln,* Erzengeln usw. könnt ihr reden, sie aber nicht anbeten. Sie würden das auch nicht annehmen, es wäre ihnen unangenehm. Ihr könnt ihnen selbstverständlich jederzeit danken, und es ist schön, wenn ihr das tut, es freut sie und sie werden euch danken für den Dank. Ein Engel behält aber keinen Dank für sich, sondern reicht ihn weiter an die Trinität, als ein Geschenk, das letztlich ihr gebührt.

Anders ist es mit Bitten: da sind die Engel ganz unkompliziert. Wollt ihr sie in Form eines Gebets bitten, dann wendet ihr euch zuerst an den Vater und dann an sie. Ihr könnt euch aber auch unmittelbar an sie wenden, beispielsweise eurem Führungsengel sagen: »Bitte begleite mich zu diesem schwierigen Gespräch, hilf mir, die richtigen Worte zu finden.« Ihr könnt Engel auch »einfach so« anreden, beispielsweise: »Guten Morgen, lieber Schutzengel, was für ein schöner Tag!« Je vertrauter euer Umgang mit ihnen wird, desto lieber ist es ihnen und desto besser ist es für euch.

Für die *Heiligen* gilt dasselbe wie für die Engel. Ihr dürft sie verehren, solltet sie aber nicht anbeten. Ihr dürft sie bitten – sei es in Form eines Gebets, in dem ihr euch zuerst an den Vater gewandt habt, oder auch unmittelbar. Ihr dürft das auch mit verstorbenen Menschen tun, die nicht formell heilig gesprochen sind, aber nur, wenn ihr ganz sicher seid, dass sie wirklich Heilige waren, d.h. sich ganz in den Dienst des Himmels gestellt haben und dieser ihnen mehr am Herzen lag als ihre eigenen Belange oder Bedürfnisse. Seid ihr dessen nicht ganz sicher, so haltet euch an die Heiliggesprochenen.

Im Übrigen dürft ihr zwar versuchen, mit euren lieben *Verstorbenen* in einen Gesprächskontakt zu kommen, vorausgesetzt, ihr stört und belastet sie nicht und sie sind von sich aus dazu bereit. Aber das hat nichts mit Beten zu tun.

Erst recht hat es nichts damit zu tun, wenn ihr einen noch auf Erden lebenden Menschen »anbetet«. Romantische Floskeln, mit denen z.B. ein Liebhaber seine »Angebetete« verklärt, mögen ernst gemeint sein, sind aber natürlich nicht ernst zu nehmen.

3. Gehör im Himmel und in den Innenräumen

Der Vater hat den Fall der Engel nicht gewollt.[7] Das Wirken der gefallenen Hierarchien und das Leid, das seiner Schöpfung daraus erwächst, erfüllen ihn mit Schmerz. Aber er ist sich gewiss, dass die ganze Schöpfung schlussendlich zu ihm heimkehren wird, wenn auch auf vielen Umwegen. Dabei vertraut er auf den Menschen. Der Mensch ist in das Spannungsfeld zwischen Licht und Dunkel gestellt und hat die Freiheit, sich darin zu orientieren. Die Mutter, der Sohn, die ganze Schar der lichten Hierarchien unterstützen ihn darin. Sie brauchen seine Mitarbeit; dem Menschen hat der Vater eine wesentliche Aufgabe im Prozess der Heimführung zugewiesen. Denn im Innersten, in den Innenräumen seiner Seele ist der Mensch licht und rein, er ist ja Gottes Ebenbild und Gleichnis. Jedes Mal, wenn sich dieses Innerste gegen die dunklen Einflüsse behauptet, tut der Mensch einen Schritt auf seinem Heimweg, und damit zugleich einen Schritt, der die dunklen Wesen verunsichert und nachdenklich macht.

Vor diesem Hintergrund könnt ihr euch vorstellen, dass der ganze Himmel das Leben der Menschen mit gespannter Aufmerksamkeit beobachtet. Er nimmt all die Lichter in den Innen-

7 Hierzu und zum Folgenden: Alexa Kriele: *Die Engel geben Antwort auf Fragen nach dem Sinn des Lebens.* Kailash 2002, S. 33ff.

räumen der Betenden wahr: hier viele, dort wenige. Der Blick auf die Erde zeigt ein Lichterspiel, wie wenn ihr bei Nacht aus dem Flugzeug auf die Erde schaut. Je mehr Lichter da leuchten, desto größer die Freude.

Wenn ein Mensch reinen Herzens betet, bewirkt das auch im Himmel ein wunderhübsches Beziehungsspiel. Es ist, als sage die Mutter: »Schau, wieder einer. Du siehst, sie werden zurückkehren, hab weiterhin Geduld und Vertrauen.« Der Vater nickt ihr zu und sagt: »Ja, Du hast Recht: wieder einer.« Ihm wird das Herz leicht, er seufzt und lächelt und sieht sich mit Befriedigung in seiner Gewissheit bestätigt, dass seine Schöpfung gut ist und heimkehren wird. Der Sohn wird aktiv: Er sieht – wie einst bei der Berufung seiner Jünger – die Chance, dass sich noch mehr Nachfolge, noch mehr Öffnung bewirken lässt. Er gibt vielleicht dem Führungsengel den Auftrag zu bestimmten Fügungen.

Ihr habt die Mutter, den Vater und den Sohn auch in euren Innenräumen (s.u. S. 35f.), und auch die gewinnen durch das Beten an Lebendigkeit. Das Beten stärkt *die Innere Mutter.* Es kultiviert die von der Mutter repräsentierte Fähigkeit des Schauens und Findens. Finden-können ist eine Fähigkeit, die nicht ans Suchen gebunden ist. Man kann finden, ohne gesucht zu haben, und suchen, ohne zu finden. Der Beter entwickelt die Fähigkeit, im entscheidenden Augenblick wahrzunehmen und sich führen und inspirieren zu lassen.

So wie sich der himmlische Vater durch euer Beten bekräftigt sieht, so auch der *Innere Vater.* Dass ihr jetzt betet, bestätigt ihn in seinem Einssein mit sich und der Schöpfung, und damit entwickelt und stabilisiert sich auch das Selbstwertgefühl des Betenden.

Der *Innere Christus* ermutigt den Betenden, zu handeln und zu suchen. Jedes Handeln ist mit einem Risiko verbunden. Der Innere Sohn aktiviert die Risikobereitschaft des Betenden, das Zupacken, die Lebendigkeit, die Freude.

Beten macht den Betenden also nicht passiv, träge und weltfremd, sondern es stärkt in ihm die drei Prinzipien des Findenkönnens, des inneren Einsseins und des Handelns und Suchens. Es verankert den Betenden zugleich im Himmel und auf der Erde, und zwar auf wesentlich einfachere Weise als es psychologische Manipulationen zu erreichen vermögen.

Wenn ihr längere Zeit hindurch regelmäßig und diszipliniert betet, dann kultiviert ihr nicht nur eure innere Beziehung zum Himmel, sondern auch die Beziehung zwischen Vater, Mutter und Sohn in eurem Innern. Während bisher vielleicht ein Ungleichgewicht zwischen den von ihnen repräsentierten Prinzipien bestand, sind sie nun alle drei gleichermaßen gestärkt. Dann kann es eines Tages geschehen, dass ihr sie alle drei in eurer Inneren Kirche seht: der Vater steht hinter dem Altar, der Sohn an der linken, die Mutter an der rechten Seite. Sie haben auch schon vorher miteinander geredet, nun aber wirken sie zusammen. Der Betende spricht dann im Namen der Dreieinigkeit als einer in ihm befindlichen Realität. Er gewinnt dadurch neue Kompetenz und Macht – nicht durch Inszenierung oder äußeren Reichtum, sondern einfach durch die Ausstrahlung von Autorität.

Diejenigen unter euch, die mit den Innenräumen schon etwas vertraut sind, können sich eine genauere Vorstellung davon machen, wie und wo die Trinität in euch gegenwärtig ist und wie man sich verhält, um mit ihr ins Gespräch zu kommen. Aber auch, wenn ihr das nicht im Einzelnen wisst, eröffnet das Gespräch, indem ihr euch nach innen wendet. Tut ihr das mit allem Ernst, so werdet ihr gehört und werdet auch Antwort bekommen. Damit öffnet ihr euch der mystischen Wirkung des Gebets.

4. Das mystische Wesen des Gebets

Der Hohelehrer: Die mystische Strömung in der Kirche erscheint vielen Menschen fremd: Sie sind ganz erstaunt, wenn sie sie kennen lernen. Was sind die wesentlichen Kennzeichen des Mystischen?

- *Erstens* die Wendung nach innen. Die Trinität lebt in der Seele eines jeden, also findet man sie nicht nur im Himmel, sondern auch, wenn man sich nach innen kehrt. Deshalb sind die Innenräume so wichtig. Sie sind groß genug, um den ganzen Kosmos – die Trinität und die Schöpfung – beherbergen zu können. Die Welt ist in dir!
- *Zweitens* die Erfahrung, dass der Einzelne als Teil der Schöpfung mit dem Ganzen in Zusammenhang steht. Er kann also

in Beziehungen treten: zu aller Kreatur, zu anderen Menschen, zu den geistigen Wesen des Himmels und der Natur – und zur Trinität. Er empfindet die Welt als göttlich: sie ist zwar gefallen, aber immer noch von Göttlichem durchdrungen. Er tritt mit ihr ins Gespräch, und sie antwortet. Es entstehen ständige Dialoge; der Mystiker spricht zwanglos mit der himmlischen Mutter, aber auch mit dem Baum. So wird der Zusammenhang zwischen ihm und der lichten Welt immer harmonischer, d.h. immer ungetrübter von den Einflüssen der gefallenen Wesen.

- *Drittens:* Das Bewusstsein, dass Geist die Ursubstanz ist, aus der alles besteht. Auch die Materie, auch die gefallenen Hierarchien sind Erscheinungsformen des Geistes. Deshalb ist letztlich alles eins (s.u. S. 63ff.).
- *Viertens:* Der Begegnung mit den geistigen Wesen wohnt etwas Sinnliches inne. Da auch der Körper eine Erscheinungsform des Geistigen ist, kann die geistige Begegnung dem ganzen Menschen bis ins Körperliche hinein spürbar werden. Der Intellekt ist nur eine Erscheinungsform des Geistigen, ein Bruder in der Familie der Umgangsmöglichkeiten mit ihm, er hat keinen Anspruch auf unbedingte Vorherrschaft. Die sinnliche Erfahrung ist wichtiger als die intellektuelle Abstraktion. Deshalb wirken die Texte der Mystiker oft schlicht, stammelnd, ekstatisch. Doch selbst ihre Sprache bleibt noch eine Art Abstraktion.
- *Fünftens:* Der Weg der Mystik mündet deshalb letztlich ins Schweigen. Die Worte werden zur Realität der inneren Befindlichkeit. Beispielsweise manifestiert sich das Wort »danke« in der Dankbarkeit, die intensiv gefühlt wird und sich in Mimik und Gestik und im Handeln zeigt: Ihr seid ein »Danke« auf zwei Beinen. Das Beten des Schweigenden ist viel intensiver als das des Redenden. Das ganze Leben des Mystikers ist von Intensität geprägt.

Von daher fällt ein Licht auf den Prolog des Johannesevangeliums: »Das Wort ist Fleisch geworden«, d.h. es verbleibt nicht im intellektuell-abstrakten Zustand des Klanges, sondern es lebt in Fleisch und Blut. Ihr nehmt es auf in der Kommunion: »Das ist mein Fleisch, das ist mein Blut.« Der mystische Effekt dieser

Wandlungsworte ist: Alle Worte Jesu sollen euch so erfüllen, dass sie in euch, mit euch, durch euch Fleisch und Blut werden. Im Endzustand werdet ihr selbst Fleisch und Blut gewordenes Wort sein.

Der Mystiker betet mit sehr wenigen Worten, er betet fast »nur noch« im Gefühl. Gott schuf ja auch die Welt mit sehr wenigen Worten: »Es werde ...« Je mystischer ein Mensch ist, desto weniger Worte braucht er zum Beten. Er braucht eigentlich nur drei Worte: »Ich danke, preise, bitte« – das genügt. Am Ende *ist* er diese Worte. Er bittet und ist ganz und gar Hoffnung, er lobpreist und ist ganz und gar Glaube, er dankt und ist ganz und gar Liebe.

Das ist das Ziel, ihr seid auf dem Weg. Ein Kursus wie dieser ist ein Mittel, um euch dem Ziel näher zu bringen, damit ihr die Texte letztlich alle hinter euch lassen könnt. Sie sind ein Dialog, der seinen Sinn erfüllt, wenn er nicht mehr gebraucht wird, weil seine Worte in euch lebendig geworden sind. Der Sohn hatte zwar Worte für euch, aber das Wesentlichste seiner Erdeninkarnation war: Er *ist* das Wort, er zeigte es euch durch sein Leben, sein Sterben und seine Auferstehung. Die Heilige Schrift will Fleisch in euch werden. Wenn ihr z.B. das Johannes-Evangelium auswendig lernt, kann es Wohnung in euch nehmen.

Jetzt bitte ich euch: lasst das Gesagte in euch nachklingen. Die künftigen Leser bitte ich: legt jetzt das Buch einmal für kurze Zeit aus der Hand. Ihr könnt spazieren gehen oder Musik hören – am besten Bach – oder ein Bild malen oder einfach schweigen, damit die Worte in euch lebendig werden können.

Drittes Kapitel: Wirkungen auf den Betenden

Ihr kennt die Theorie: mit dem Beten bleibe man innerhalb der Sphäre der eignen Psyche und spreche mit sich selbst. Beten sei eine Art Autosuggestion, mit der man sich trösten, beruhigen und aufmuntern könne. Diese Theorie beruht auf der vorausgesetzten Annahme, dass es Gott, Engel und andere himmlische Wesen gar nicht gebe. Da ich ein Engel bin, wird es euch nicht wundern, dass ich diese Weltanschauung nicht für realitätsnah halte.

Richtig ist aber, dass das Beten tatsächlich Rückwirkung auf den Betenden hat. Allein schon im Entschluss: »ich versuche es jetzt mal mit dem Gebet« liegt die Bereitschaft, sich dem Himmel zu öffnen. Trifft man dann noch die kurze innere Vorbereitung, die ich euch angeraten habe, ist man schon reinen Herzens, ehe man das Gebet beginnt, und befindet sich in einem inneren Raum, zu dem die dunklen Mächte keinen Zutritt haben. Dies und das sich anschließende Gebet hat Wirkungen auf den Ebenen des Körpers, der Gefühle, des Denkens und der Innenräume des Betenden.

1. Auf der körperlichen Ebene

Ihr wisst aus Erfahrung, dass ein geistig-seelisches Erlebnis von Gewicht auf den Körper wirkt. Es »schlägt auch auf den Magen«, bringt euch zum Erröten oder zum Erblassen. Es wird sichtbar an der hellen oder finsteren Miene. Ihr kennt die seelisch-körperlichen – die so genannten »psychosomatischen« – Zusammenhänge zwischen Gesundheit und Krankheit. So wird es euch nicht wundern, dass Beten eine heilende, genesende Wirkung auf den Körper haben kann. Jede Zelle bekommt es mit, es tut ihr wohl, als würde sie angelächelt, und sie lächelt zurück.

Einwand: Papst Johannes Paul II. hat täglich stundenlang gebetet und war doch so krank.

Umgekehrt: Weil er so viel gebetet hat, konnte sein Körper die Folgen des Attentats und der Krankheit so lange durchstehen. Ohne sein Beten hätte er kaum so alt werden und in so überzeugender Weise wirksam bleiben können.

Tägliches Beten bedeutet zugleich tägliche Nahrung für den Körper. Ihr esst dreimal am Tag, warum nicht auch dreimal täglich beten, z.B. vor dem Essen? Auch wenn ihr irgendwo zu warten habt, nutzt die Zeit zum Beten, statt zu meckern oder ungeduldig zu werden.

Damit versetzt ihr die Zellen eures Körpers *erstens* in gute Laune und gebt ihnen die Motivation: Es macht Spaß, im Organismus dieses inkarnierten Menschen mitzuwirken, es ist richtig schön. *Zweitens* werden die Zellen aber auch besser ernährt, energetisch versorgt, durchatmet, durchlichtet. *Drittens* erleben sie sich als freudige Gemeinschaft mit den Nachbarzellen, denen es ebenso geht. Je mehr der Organismus des Körpers die Erfahrung einer positiven Gemeinschaft macht, desto gesünder ist er. Wer viel betet, tritt aus dem Alleinsein heraus in die Gemeinschaft mit den Wesen des Himmels, mit anderen Menschen, die ebenfalls beten, gebetet haben und beten werden, und mit denen, für die er betet. Diese Gemeinschaftserlebnisse strahlen auf den Körper aus und wirken gesundheitsfördernd.

2. Auf der Gefühlsebene

Die meisten Menschen meinen: Die Stimmung überkomme sie wie das Wetter, da könne man nichts machen. Oder sie meinen, wenn man seinen Stimmungen nicht nachgebe, sei man nicht »echt«, nicht ganz ehrlich, man spiele ein doppeltes Spiel. Das ist nicht ganz falsch. Es ist auch nicht leicht, seine Stimmungen zu bestimmen. Aber ihr solltet euch nicht von euren Stimmungen bestimmen lassen, sondern lernen, sie selbst zu bestimmen. Ihr entscheidet, ob ihr euch ärgert, wie sehr, wie lange, wie oft am Tag, ob ihr euch fürchtet, wovor mehr, wovor weniger, wie lähmend, wie dauerhaft usw. Überfordert euch nicht, übt es zunächst nur für fünf Minuten, später für immer längere Zeiträume, eure Stimmungen zu beeinflussen. Schließlich werdet ihr die Macht haben, eure Trauer dauerhaft in Mitgefühl zu verwandeln, euren Ärger in Nachsicht, euren Neid in Großmut und so fort.

Wer betet, und zwar reinen Herzens, also mit der vorbereitenden Einstimmung, gewinnt an Freiheit, er eröffnet sich den Raum der Möglichkeiten. Trauer, Ärger oder Neid sind nicht seine einzigen Möglichkeiten, er hat andere Optionen: Er kann sich auch vor Augen führen, wie reich er von Gott beschenkt ist, kann dankbar, zufrieden, frohen Herzens und guten Mutes sein. Er weiß ja: es wird alles gut werden, es bedarf nur des langen Atems und der Betrachtung aller Dinge aus der Sicht des Himmels. Er leidet dann nicht mehr in seiner Opferrolle. Als Gottes Ebenbild und Gleichnis, der mit dem Vater auf »Du und Du« steht und mit ihm redet, ist er ein König, und zwar ein guter König: Er ist nicht nur auf seine momentanen Bedürfnisse ausgerichtet, sondern auf seine Mitarbeit an der Heimführung der Schöpfung.

Wäret ihr ein Tier, das von anderen Tieren nur durch bestimmte Fähigkeiten und auch Mängel unterschieden ist, so wäre es stimmig, möglichst authentisch bleiben zu wollen, z.B. zu schreien, wenn ihr wütend werdet. Ihr habt euch aber als Ebenbild Gottes in die Evolution hinein inkarniert, seitdem sie so weit fortgeschritten war, dass sie euch Gelegenheit dazu gab. Ihr habt also zwar Anteil an der Welt der Pflanzen und Tiere, seid ihnen geschwisterlich verbunden, aber ihr seid auch Beauftragte Gottes. Betrachtet eure »Emotionen« wörtlich als Mittel der Bewegung. Ihr seid mit einem reichen Fuhrpark von Fahrgeräten ausgestattet, also könnt ihr wählen, welches ihr jeweils benutzen wollt, beispielsweise die Angst oder nicht doch lieber die Freude?

Wut und Ärger sind dann nicht einfach weg, aber sie stehen nicht mehr im Vordergrund, sie treten zurück, sind überlagert von einer lichten Grundstimmung. Die finstere Miene hellt sich auf, man tritt seiner Mitwelt mit freundlicheren Gefühlen, vielleicht sogar mit einem Lächeln gegenüber. Wer angelächelt wird, kann auf Dauer gar nicht anders, als zurückzulächeln. Die Situation beginnt sich zu entspannen, man begegnet einander sachlicher und verständnisvoller. Das Beten ist ein heiliger Akt, also wirkt es heilend. Es ist, als wenn ihr mitten im Gewitter plötzlich die Sonne erstrahlen lasst.

Das ist nicht »einfach so« machbar. Es bedarf des Trainings. Dazu gebe ich euch eine

Übung:

Am Abend jeden Tages zieht Bilanz: Wie viele Minuten habe ich heute meine Stimmung selbst bestimmt? Vor dem Aufstehen nahmt ihr euch vor, in welcher Stimmung ihr den heutigen Tag verbringen wollt. Dann aber passierte etwas, beispielsweise regtet ihr euch über einen Telefonanruf schrecklich auf. Was geschah dann? Angenommen, ihr habt tief durchgeatmet, die Hände gewaschen, euch des »arglosen Kindes« erinnert, den Raum der Freude betreten und ein kurzes Gebet gesprochen. Das hat vielleicht nur eine Minute in Anspruch genommen. Danach wart ihr nicht mehr wütend. Wie lange? Anfangs vielleicht fünf Minuten, dann zehn, dann 15 usw. Schreibt es auf, notiert eure Fortschritte. Wenn ihr das täglich übt, werdet ihr mit der Zeit nicht mehr von Stimmungen bestimmt sein, sondern ihr werdet sie selbst bestimmen. Beten macht euch zum Herrn eurer Stimmungen. Je mehr ihr diese Fähigkeit kultiviert, desto mehr gewinnt ihr an Freiheit.

3. Auf der Gedankenebene

Denken und Fühlen sind Zwillingsgeschwister, sie gehen immer Hand in Hand. Die Frage ist: Wer bestimmt wen? Das wechselt, es ist ein komplexes Spiel.

Wenn ihr eure Gefühlswelt zu bestimmen gelernt habt, werden sich eure Gedanken klären. Ihr könnt aber auch durch klare Gedanken auf eure Gefühle Einfluss nehmen. Beten säubert eure Gedankenwelt, es klärt sie auf, ordnet sie, macht sie licht, rein, deutlich und überzeugend. Reinen Herzens beten ist Gedankenhygiene, ein Training der Konzentration. Reine Gedanken aber reinigen auch eure Gefühle.

Zunächst macht euch bitte klar: Gedanken sind so wirkungsvoll wie Worte und Taten. Ihr verletzt den anderen nicht nur, wenn ihr ihn schlagt oder beleidigt, sondern schon, wenn ihr Beleidigendes denkt. Der andere weiß das vielleicht nicht, aber auf der seelischen Ebene nimmt er eure Gedanken wahr, er spürt, dass er eurer vorgespiegelten Freundlichkeit nicht trauen kann. Das wiederum spiegelt seine Seele zu der euren zurück. So entsteht ein Klima der Spannung und des Misstrauens.

Ihr habt ja oft erfahren, dass der Gesichtsausdruck des anderen auf das reagiert, was ihr ihm sagt: Ist es nett – und auch wirklich freundlich gemeint –, wird der andere ein freundliches Lächeln zeigen. Dann könntet ihr meinen: Wenn ihr weder etwas sagt noch tut, dann merkt er nichts und weiß nicht, ob ihr ihm freundlich gesinnt seid. So ist es aber nicht. Denn euer Kopf ist sehr durchlässig. Er hat unzählige Poren, sozusagen offene Fenster, durch die eure Gedanken hinausdringen. Was ihr denkt, verlässt euren Kopf wie der Atem den Mund, wie ein wolkenartiger farbiger Dunst. Wer die Aura eines Menschen sehen kann, sieht das.

Wenn ihr betet, nachdem ihr euch kurz vorbereitet habt und reinen Herzens seid, wird euch ein schönes reines Licht umgeben, ihr strahlt es aus in leuchtenden Farben. Eure Ausstrahlung wird für den anderen wahrnehmbar, auch wenn ihr nichts sagt oder tut. Sie ist einfach da und teilt sich eurer Umwelt mit. Selbst Tiere und Pflanzen können sie spüren.

4. In den Innenräumen

Auch auf eure Seele, d.h. eure Innenräume hat das Beten starke Wirkung: es fügt ihrer Lichtkraft Licht hinzu. Ihr werdet Lichtträger wie die Engel und Heiligen. Ihr wisst ja: sie sind – ebenso wie die ganze Trinität – ohnehin in euren Innenräumen da, wirken in ihnen, durch sie und in sie hinein. Indem ihr betet, seid ihr es selbst, die in sie hineinwirken. Es ist, wie wenn ihr in ihnen Kerzen entzündet.

Daher kommt der Brauch, in Kirchen oder anderen heiligen Räumen Kerzen brennen zu lassen: das spiegelt diesen Vorgang in die Außenwelt. Auch in der profanen Welt, beispielsweise bei einem Gartenfest, habt ihr den Brauch, Kerzen, Fackeln oder eine Lichterkette leuchten zu lassen, und bei großen Gemeinschaftsfesten entzündet ihr ein Feuerwerk zum Zeichen der Freude.

In den Innenräumen von Menschen, die viel beten, finden sich viele Lichter, Lichterketten, Lichterskulpturen: am Inneren Meeresstrand[8], an der Inneren Quelle[9], in der Inneren Kirche[10] usw. Das gilt selbst dann, wenn der Grund des Betens anfangs nicht ganz licht war. Denn die beigemischten Motivationen bleiben außen vor, die innere Haltung, der lichte Raum, in den sich der Betende begeben hat, sind allein maßgebend.

8 Alexa Kriele, *Wie im Himmel so auf Erden. Die Botschaft der Engel.* Band 2, Kailash 2005, S. 208

9 ebd., Band 1, S. 82ff.

10 ebd., Band 1, S. 13f.

Viertes Kapitel: Dank und Bitte

1. Dankgebete

Beginnt jedes Gebet mit Dank, danach könnt ihr bitten. Was den Himmel besonders freut, was aber verhältnismäßig selten praktiziert wird, ist das Beten in einer Situation, in der ihr wunschlos glücklich seid. Ihr wendet euch dann an den Vater, vielleicht auch noch an den Sohn oder an euren Schutz- oder Führungsengel oder einen anderen, einfach nur, um »danke« zu sagen. Ihr dankt beispielsweise dafür, dass eine Beziehung oder eine Versöhnung geglückt und alles so wunderbar gefügt worden ist. Ihr dankt, wie überraschend schön die Einfälle des Himmels waren. Ihr dankt für die Fülle, die euch geschenkt ist, und neben der dieser und jener Mangel, den es noch geben mag, unbedeutend erscheint. Oder ihr sagt einfach: »Ich freue mich so an Deiner Schöpfung« und führt vielleicht auch noch ein wenig aus, was euch daran so gefällt; auch das bedeutet Dank – und Lobpreis noch obendrein.

Ihr solltet euch angewöhnen, jeden Tag mindestens einmal ein Dankgebet zu sprechen. Es ist ein guter alter Brauch, vor jeder Mahlzeit zu danken – einfach dafür, dass ihr zu essen habt, oder auch dafür, dass ihr diese Tatsache der Arbeit so vieler eurer Brüder und Schwestern verdankt. Nach der Mahlzeit könnt ihr noch hinzufügen, dass sie so gut und schmackhaft war. Dankt auch denen, die sie euch bereitet und serviert haben, aber stets auch dem Vater. Dem Dank könnt ihr noch die Bitte hinzufügen, dass alle ihr tägliches Brot haben mögen, und das Versprechen, euch das zum Herzensanliegen zu machen und ein wenig dazu beizutragen.

Ihr alle habt ja viel Grund zu danken, auch wenn ihr in einer schwierigen Situation seid. Seid dankbar für euer Dasein, für eure Eltern, eure Begabungen, eure Ausbildung, eure geglückten Beziehungen, eure Wohnung usw. Seid euch immer bewusst, wie reich ihr beschenkt seid, was immer euch im Moment fehlen mag. Diese Grundstimmung des Dankes sollte am Beginn jedes Gebets zum Ausdruck kommen.

Engel und Heilige empfinden Anerkennung für ihre Arbeit als sehr liebenswürdig, nehmen gern Dank entgegen und danken für den Dank. Aber sie behalten ihn nicht für sich, sondern leiten ihn umgehend weiter an die göttliche Trinität. Es wäre sehr schön, wenn ihr euch angewöhntet, Dankbarkeit nicht nur still im Herzen zu empfinden, sondern ihr auch in Worten Ausdruck zu geben. Das bestätigt den Himmel in seinem zuversichtlichen Vertrauen in den Menschen und bereitet ihm Freude.

2. Bitten für sich selbst

Die Bitte für sich selbst lässt sich nicht immer scharf von der Fürbitte für andere abgrenzen. Bittet ihr für Menschen, die mit euch unmittelbar zu tun haben, beispielsweise für eure Kinder oder für andere Angehörige, Freunde und Partner, um die ihr euch Sorgen macht, oder für Menschen, mit denen ihr Probleme habt, so hat das Elemente von beidem. Die ideale Fürbitte ist durch völlige Selbstlosigkeit gekennzeichnet.

Das bedeutet aber nicht, dass die Bitte für sich selbst etwas Anstößiges wäre. Sie ist euch nicht nur erlaubt, sie ist erwünscht, denn sie ist Ausdruck eurer innigen und vertrauensvollen Beziehung zum Himmel.

Es wird sich als sehr hilfreich erweisen, wenn ihr, ehe ihr betet, einmal aufschreibt, um was ihr eigentlich bitten wollt, auch wenn ihr meint, ihr habt das ja alles im Kopf. Indem ihr nämlich eine Liste eurer Wünsche anfertigt, legt ihr euch Rechenschaft darüber ab, was ihr wirklich wollt. Bei manchen Punkten wird sich, wenn ihr sie so schwarz auf weiß vor euch habt, ein erstes Zögern einstellen: so will ich es eigentlich doch nicht, oder nur unter dieser und jener Bedingung oder Voraussetzung. Haltet möglichst genau fest, was ihr letztlich erbitten wollt.

Anfangs habt ihr eine Liste mit vielleicht zwanzig Wünschen. Versucht einmal, einige Tage oder Wochen lang dreimal täglich die Erfüllung dieser Wünsche »auswendig« zu erbitten. Ihr werdet die seltsame Erfahrung machen: Das funktioniert nicht. Ihr werdet diesen oder jenen Wunsch vergessen, oder er kommt euch nicht über die Lippen, ihr lasst einen nach dem anderen fallen. Am Ende bleiben von den zwanzig vielleicht noch drei übrig, nämlich die echten Herzenswünsche. Diese werdet ihr ohne Zögern und innere Probleme immer von Neuem aussprechen können. Dann wird der Himmel sagen: »Nun hat er's endlich! Ja gut, um diese drei Wünsche wollen wir uns kümmern.«

3. Unerfüllbare und nicht wünschenswerte Bitten

a) Nun gibt es ein Problem. Der Himmel wird weder die irdischen Realitäten missachten noch in die Freiheit eingreifen. Deshalb kann er eure Wünsche oft gar nicht oder nicht jetzt gleich oder nicht so erfüllen, wie ihr es erbeten habt. Angenommen, ihr möchtet ein bestimmtes Grundstück erwerben, der Eigentümer will es aber keinesfalls verkaufen. Oder ihr möchtet, dass ein bestimmter Mensch euer Lebenspartner wird, der liebt aber einen anderen Menschen. Oder ihr erstrebt einen bestimmten Job, das Unternehmen kann aber derzeit keinen solchen Arbeitsplatz anbieten. Das kann der Himmel nicht ändern, schon gar nicht von heute auf morgen.
b) Ein weiteres Problem entsteht, wenn der Himmel zwar eine Wunscherfüllung bewerkstelligen könnte, das aber nicht für gut hält, z.B. weil er sieht, dass er euch damit um eine viel heilbringendere Lebenschance bringen würde.

Ihr bittet beispielsweise darum, dass euch ein bestimmter Mensch sein Herz zuwenden möge. Der Himmel weiß, ihr werdet den wirklich zu euch passenden Lebenspartner finden, er sucht euch schon, und die Begegnung wird gefügt werden. Der, nach dem ihr euch im Moment sehnt, ist es aber nicht. Ihr werdet später dankbar sein, dass ihr ihn nicht geheiratet habt, und die Gründe verstehen, aus denen der Himmel euren Wunsch nicht erfüllt hat. Ebenso wird sich zeigen, warum ihr euch nicht an einen Arbeitsplatz binden solltet, z.B. weil ein viel besser passender auf euch wartet. So auch mit anderen Wünschen, mögen sie sich nun auf den Wohnort oder auf Kinder oder ein Auto oder eine bestimmte Art der Konfliktlösung oder was auch immer beziehen.

Mit anderen Worten: Auch wenn der Himmel eure Bitten mit Wohlwollen hört und ernst nimmt, so ist damit nicht garantiert, dass er sie zu diesem Zeitpunkt oder in der erbetenen Weise oder überhaupt erfüllen wird. Dann ist zu fragen, wie ihr euch dazu stellen solltet. Es kann nicht richtig sein, etwa zu sagen: »Ich erwarte unverzüglichen und korrekten Vollzug, andernfalls höre ich auf zu beten oder überhaupt zu glauben.«

4. In Gottvertrauen bitten

Euer Leben lang standet ihr vor der Frage: Wer weiß am besten über mich Bescheid? Wer weiß, was gut und stimmig für mich ist? In verschiedenen Phasen eures Lebens habt ihr sie verschieden beantwortet. Typisch ist folgender Ablauf:

Das Kind hat zunächst das Vertrauen, Papa und Mama wissen es. In der Pubertät wächst die Überzeugung: »Die haben keine Ahnung.« Dazu gesellt sich bald der Selbstzweifel: »Ich weiß es allerdings auch nicht.« Daraus erwächst die Neigung des jungen Erwachsenen, sich allerlei verschiedenen Einflüssen zu öffnen: politischen, ideologischen, weltanschaulichen Lehren, der Mode, der Werbung, den Psychologen, den Stars, den Trends, den jeweiligen charismatischen Führern auf verschiedenen Gebieten, dem, was im Milieu der jeweiligen Umgebung »in« ist. Kurz, er räumt anderen die Macht ein, zu bestimmen, wer er ist und sein soll.

Doch dagegen meldet sich wiederum eine innere Rebellion. Etwa mit Ende Zwanzig beginnt ein Selbstfindungsprozess: »Könnte ich nicht doch am besten wissen, was mir gut tut?« Man erinnert sich des Vertrauens, das man als Kind den Eltern entgegengebracht hat. Jetzt kommt man selbst in das Alter, in dem die Eltern damals waren, hat vielleicht selbst Kinder, für die man zu wissen hat, was richtig ist, warum nicht auch für sich selbst? Diese Phase kann lange dauern, mitunter bis ans Lebensende.

Idealerweise entdeckt man in seinen vierziger Jahren, dass man es allein gar nicht wissen kann, dass man aber im Himmel einen Vater, eine Mutter, einen Bruder hat, die wirklich Bescheid wissen. Es beginnt ein Prozess der Weisheitsfindung. An die Stelle der Selbstbestimmung tritt zunehmend die Bereitschaft zu dienen. Wer als Kind das Glück hatte, eine religiöse Erziehung zu genießen, tut sich da leichter, weil er daran anknüpfen kann.

Die Situation ist aber jetzt nicht mehr die des Kindes. Man hat seinen Lebensweg gefunden, seine Erfahrungen gemacht, einen eigenen Willen entwickelt. Das Kind kann nur sagen: »Dein Wille geschehe.« Jetzt kann man mit Fug und Recht beten: »Nicht mein, sondern Dein Wille geschehe.« Mit anderen Worten: »Ich bitte zwar den Himmel, weiß aber, dass der es besser weiß und bin, wenn nötig, bereit, meinen eigenen Willen in den des Himmels einzufügen.« Das bedeutet: Der Betende fühlt sich zugleich erhört und korrigiert.

Ihr wisst ja: Ihr habt vor eurer Erdeninkarnation eine Lebensabsprache mit eurem Sonnenengel getroffen.[11] Ihr wolltet etwas zum Heil der Welt vom Himmel auf die Erde bringen. Euer Führungsengel und die Führungsengel der anderen wirken – gemeinsam mit anderen himmlischen Mächten – zusammen, damit sich euer Leben entlang den Umrissen dieser Lebensabsprache Schritt für Schritt gestalten möge. Diese hat der Himmel klarer vor Augen als ihr selbst.

Es kann also sein, dass ihr Wünsche äußert, deren Erfüllung den harmonischen Fortgang blockieren würde, und dann wird der Himmel sie nicht oder nicht so oder noch nicht erfüllen. Anders gewendet: Wenn etwas nicht erreichbar ist, was ihr anstrebt, so sagt euch: »Das wird einen guten Grund haben, es hat Sinn oder wird einen Sinn bekommen. Es wird mir eines Tages, wenn ich zurückblicke, einleuchten, warum es gut so war, vielleicht sogar das Bestmögliche.«

Wenn ihr euch das klar macht, werdet ihr eure Bittgebete innerlich mit dem Vorbehalt versehen:

»... *falls* auch Du meinst, dass das jetzt so angebracht und in Kenntnis aller Umstände *wünschenswert und realisierbar* ist.«

11 Alexa Kriele: *Die Engel geben Antwort auf Fragen nach dem Sinn des Lebens.* Kailash 2002, S. 74ff.

Ihr bittet also nicht nur im Vertrauen »der Himmel wird's richten«, sondern in dem viel tieferen und umfassenderen Vertrauen: »Er wird es so richten, wie es letztendlich für mich und andere das Beste ist.«

5. Aus der Fülle heraus bitten

Für sich selbst zu bitten, ist eine Kunst, und zwar eine viel größere Kunst, als Fürbitte für andere zu leisten. Es verlangt von euch eine innere Haltung, nämlich die Einstellung: »Ich bitte zwar um etwas, das ich nicht habe, weiß aber, dass ich eigentlich alles habe, was ich brauche. Ich bitte nicht aus dem Mangel, sondern aus der Fülle heraus.«

Das mag euch zunächst als ein unlösbarer Denkknoten erscheinen. Er löst sich aber, wenn ihr euch klar macht: Was ihr aus ganzem Herzen und reinen Herzens wollt, ist im Prinzip schon da und wird sich deshalb auch in der Realität manifestieren, nur hat es sich aus bestimmten Gründen noch nicht manifestiert: Es fehlte noch der richtige Zeitpunkt oder die Chance zur Fügung oder eine innere Erkenntnis, auf die ihr vorher noch stoßen solltet, oder der Himmel war der Ansicht, es solle sich nicht in dieser Weise erfüllen.

Bittet in einer *königlichen* Haltung, d.h. in Gottvertrauen und in dem Bewusstsein, Gottes Ebenbild und Gleichnis zu sein. Ein wahrer König hat, als hätte er nicht. Das könnt ihr auch umkehren: Ein König hat nicht, als hätte er. Er lebt im dankbaren Bewusstsein der Fülle. Betet auch ihr aus der Fülle heraus! Ihr kennt das Wort von der »Anziehungskraft des Bezüglichen«: Es zieht sich an, was einander entspricht. Die Fülle wird von dem angezogen, der in der Fülle lebt.

Macht euch nicht zu klein, nicht zu eng, zu hart, zu verschlossen. Macht euch nicht zu einem dieser zusammengezogenen kleinen Mängelwesen, die jammern: »Nie kriege ich, was ich will, mich hört ja keiner, mir schenkt niemand was, ich bin immer der Verlierer, ich bete schon seit zehn Jahren, aber es funktioniert nicht.«

In einer solchen Haltung betet ihr nicht reinen Herzens, sondern unter den Einflüssen der dunklen Hierarchien: voller Zweifel und Ressentiments, in Abkehr vom Himmel. Damit verbaut ihr auch zugleich die Möglichkeit, dass das Erbetene gefügt wird.

Denn wenn ihr aus innerem Mangel heraus betet, dann kann euch der Himmel nicht mit Fülle beschenken; ihr könnt nur den Mangel anziehen. Ihr findet dann immer nur bestätigt, was ihr schon geahnt und geurteilt habt: »Ich kann machen, was ich will, es führt sowieso zu nichts.« Damit wird die Resignation zum Dauerzustand.

Es gibt ja nicht wenige, die so eine Art resignierenden Glauben gelernt haben: »Wir gehen zwar in die Kirche, aber das bringt nichts. Wir zahlen für alle Fälle Kirchensteuer, dann kommen wir wenigstens nicht in die Hölle, aber vom Paradies haben wir noch nichts erlebt.« Das ist nicht Glaube, sondern eine Karikatur des Glaubens. Sollte der eine oder andere davon angekränkelt sein, so möge er sich selbst bei seinen Bittgebeten einmal aufmerksam zuhören, dann kommt er den dunklen Einflüsterern auf die Schliche.

6. Sich beschenken lassen

Bittgebete sind nicht nur Bitten. Sie haben auch einen geistig ordnenden, klärenden Aspekt. Sie richten sich nicht nur auf Wunscherfüllung. Sie machen euch auch bewusst, dass ihr im Grunde ja in der Fülle lebt, dass ihr habt, was ihr braucht, wenn auch vielleicht das eine oder andere im Moment noch nicht so, wie ihr euch das vorstellt, oder noch nicht oder nicht mehr. Das wird seinen Grund haben. Sagt euch: »Den Grund werde ich eines Tages verstehen. Die Erfüllung der Bitte wird im richtigen Moment in der richtigen Weise kommen.« Ihr habt jedenfalls allen Grund zur Dankbarkeit und Gottvertrauen. Betet also als ein König.

Dazu gebe ich euch folgende

ÜBUNG:

Ihr habt euch auf das Beten vorbereitet, d.h. ihr habt euch mit dem blauen Schutzmantel der himmlischen Mutter umhüllt, euch äußerlich und innerlich die Hände gewaschen, tief durchgeatmet, euch auf das Bild des »arglosen Kindes« eingestellt, den Raum der Dankbarkeit oder der Freude oder jenen Inneren Raum der Freiheit betreten. Wenn ihr nun zu beten beginnt, haltet euch aufrecht. Ob ihr sitzt, steht, kniet oder auch liegt: macht keinen krummen Buckel, zieht die Schultern nicht hoch, verschränkt die Glieder nicht, senkt den Kopf nicht wie ein Sklave, der auf Prügel wartet.

Bedenkt vielmehr, wie schön euer Gesicht, eure Hände, eure Gestalt sind. Beten ist eine schöne Tätigkeit, und sie macht euch schön. Würde euch ein Hofmaler malen: das Porträt zeigte die wunderbare Ausstrahlung klarer Gedanken und eines reinen Herzens. Beten tut man immer lächelnd, wenn auch unter Tränen, nie grimmig und mit verkniffenen Lippen.

Bedenkt also, dass ihr Könige seid. Ihr gehört zur königlichen Familie, der Sohn Gottes ist euer Bruder, sein Vater ist euer Vater, ihr seid ein göttliches Kind. Ihr habt alles und bekommt, was ihr braucht, um voranschreiten zu können. Spürt das Wohlgefühl dieser stolzen Würde und seid euch der Verantwortung bewusst, die ihr auf euch genommen habt.

Deshalb gebührt euch auch ein königliches Schmuckstück als Zeichen dieser Würde. Es kann eine Krone sein, eine Brosche, ein Ring, eine Kette, ein Reif, ein Armband, ein Anhänger, ein Herz, ein Gürtel, ein Umhang oder was auch immer. Ihr seid dessen würdig und wert. Dieses Schmuckstück wird euch jetzt übergeben. Betrachtet es mit geschlossenen Augen, prägt euch ein, was es ist. Dann berührt mit der Hand die Stelle, wo es von jetzt an sitzt: die Stirn, die Brust, den Finger oder wo sonst. Das tut bitte künftig immer, wenn ihr zu beten beginnt. Damit erinnert ihr euch jedes Mal von Neuem, dass ihr als königlich-göttliche Wesen bittet. Nehmt die entsprechende Haltung ein.

Dann habt ihr die Größe und Offenheit, die es braucht, damit ihr beschenkt werden könnt. Denn wie immer der Himmel auf eure Bitten reagiert, die Antwort wird auf jeden Fall ein Geschenk sein: ihr habt noch nie dafür zu bezahlen brauchen. Ihr bittet, und euch wird gegeben. Ein Geschenk anzunehmen ist viel schwieriger, als zu schenken und um ein Geschenk zu bitten. Das Bitten ist der leichtere Teil, das Annehmen der schwierigere.

Die Antwort auf eine Bitte wird vielleicht nicht in deren Erfüllung bestehen, sondern in einer anderen Fügung. Worin immer sie besteht: sie wird ein Geschenk sein, und zwar ein Geschenk, das eurer königlichen Würde angemessen ist. In diesem Bewusstsein und in einer entsprechenden Haltung nehmt das Geschenk an, und das heißt: tut es mit Dankbarkeit und Gottvertrauen.

Nehmt bitte das kleine Juwel ernst: der Himmel kennt es. Es ist euer Signum, euer Erkennungszeichen. Nutzt es in Zukunft, wenn ihr betet, haltet kurz die Hand an die Stelle, wo ihr es tragt und erinnert euch an eure königliche Würde.

Fünftes Kapitel: Fürbitte

1. Das Dreieck

Angenommen, ihr wollt für einen Menschen beten, den ihr persönlich kennt und mit dessen Problem ihr vertraut seid. Ihr bittet beispielsweise, er möge den angestrebten Arbeitsplatz bekommen, oder der von ihm geliebte Mensch möge ihm das Herz zuwenden und endlich »ja« sagen, oder er möge genesen oder die Schmerzen mögen ihm genommen werden, oder auch: er möge den Konflikt beenden und sich mit euch wieder versöhnen.

Zur Fürbitte gehört zunächst, dass ihr euch mit eurem Blick, euren Gedanken, Fühlen und Wollen auf den anderen, für den ihr bittet, ausrichtet und euch selbst ganz aus dem Spiel lasst. Gleichzeitig betet ihr zum Himmel. Ihr baut also zur gleichen Zeit zwei Verbindungslinien auf, und der Himmel baut eine dritte Linie zu dem auf, für den ihr bittet:

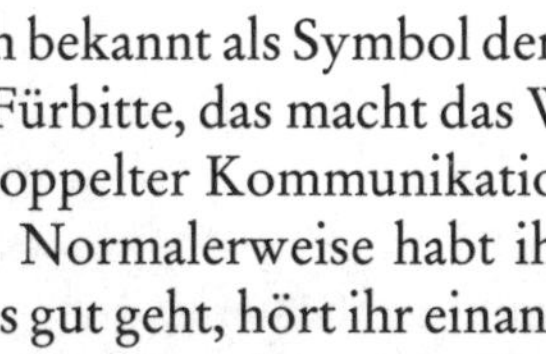

Das Dreieck ist euch bekannt als Symbol der Trinität, und das ist das Geheimnis der Fürbitte, das macht das Wirksame an ihr aus. Ihr führt eine Art doppelter Kommunikation, und das ist keine ganz leichte Kunst. Normalerweise habt ihr *einen* Gesprächspartner, und wenn es gut geht, hört ihr einander zu und geht aufeinander ein. In der Fürbitte aber tretet ihr als Vermittler zwischen dem Himmel und dem anderen auf, ihr macht euch zum Boten, als wäret ihr Engel.

Darum tut auch ein bisschen so, d.h. schaut auf den anderen wie sein Schutzengel oder ein anderer liebender Engel: lächelnd, milde, liebenswürdig, geduldig, verständnisvoll. Wer Fürbitte leistet, sollte einen Gesichtsausdruck zeigen wie eine Mutter, die auf das Kind in ihren Armen blickt. Das verlangt Konzentration, und die gilt es zu trainieren.

Lasst euch nicht ablenken! Es genügt nicht, dass ihr eine Bitte vortragt und dann gleich wieder an etwas anderes denkt. Am wenigsten solltet ihr an euch selbst denken, also nicht etwa: »Wird die Bitte erfüllt, werde ich mich als derjenige präsentieren können, der das erreicht hat.« Es geht um den anderen, für den ihr bittet. Dem solltet ihr aus ganzem Herzen zugewandt sein, besorgt und wohlmeinend, mit einem Blick, als wolltet ihr ihn trösten, ihm Mut zusprechen, ihm Hoffnung machen.

Das bedeutet: ihr wendet den Blick nicht von eurem Schützling ab. Ihr sprecht Gott an, aber ohne zu schauen: wo ist er, wie sieht er aus, ist er gerade zu sprechen? Auf Gott könnt ihr blind vertrauen. Wendet also den Blick nicht von eurem Schützling ab, betet sozusagen mit dem Himmel im Rücken.

Auch der Schutzengel hat nicht irgendwann eine Konferenz mit dem lieben Gott und lässt euch derweil aus den Augen, sondern was er mit ihm bespricht, tut er mit dem Blick auf euch. Auch Jesus hat den Hilfe suchenden Menschen nicht gesagt: »Warte einen Moment, ich rede mal mit dem Vater.« Vielmehr hatte er, während er mit ihm redete, den Kranken weiter im Blick.

In eurer Fürbitte darf die Grundlinie des Dreiecks weder blass noch unterbrochen sein, noch ganz fehlen, sie hat vielmehr stark und kräftig zu leuchten. Die Verbindungslinie zum Himmel wird dadurch nicht im Geringsten beeinträchtigt.

2. Einmischung abwehren

Wenn ihr versucht, den anderen konzentriert und liebevoll im Blick zu behalten, kann es passieren, dass sich in euch ein Widerstand regt. »Nein: richtig lieben kann ich ihn nicht, solange er ist wie er ist. Ich bete eigentlich, um ihn zu verbessern, ihn so zu verändern, dass er in mein Leben passt. Er verhält sich ja wirklich falsch. Ich meine es gut, ich habe ein schönes Bild davon, wie er sein könnte, und dem soll er entsprechen.«

Achtet einmal hellhörig auf die Untertöne: Ist eure Fürbitte womöglich ein schön bemäntelter Ausdruck dafür, dass ihr den anderen nicht mögt? Verbirgt sich unter Umständen sogar etwas Demütigendes darin? Dann bedeutet das: Die dunklen Hierarchien versuchen sich einzumischen, also Achtung!

Zu einer reinen Herzens gesprochenen Fürbitte gehört eine Bitte für sich selbst: »Ich bitte zugleich um die Kraft, den anderen so sein lassen zu können, wie er ist, auch wenn ich das nicht gut finde.« Die Fürbitte bringt dann einen Nebeneffekt für euch selbst mit sich: sie löst euch aus bloßer Pseudofreundlichkeit und führt euch zu wahrhaftiger Menschlichkeit und Liebe.

3. Die verborgene Liebe aufdecken

Auch das Gegenteilige kann geschehen, wenn ihr Fürbitte leistet, zumal wenn ihr das mehrere Tage lang regelmäßig macht: Ihr merkt, wie sehr ihr den anderen liebt, wie nah er euch ist, wie sehr er euch am Herzen liegt, wie viel Verständnis ihr für seine Lage habt, wie ähnlich er euch ist, wie sehr ihr euch in ihm wiederfindet: »So war ich auch mal oder so bin ich auch manchmal: Auch ich kann in diese Traurigkeit, in diesen Kummer, in diese Zweifel und Ungläubigkeit rutschen. Wir sind eigentlich Geschwister, der andere ist mir so nah wie ein Zwilling, selbst wenn hunderte Kilometer zwischen uns liegen.«

Das ist eine schöne Erfahrung. Sie lässt euch bewusst werden, dass eure Beziehung zu dem, für den ihr betet, viel inniger ist, als ihr dachtet – trotz der Konflikte, die ihr mit ihm haben mögt. Ihr beginnt, ihn zu achten und zu würdigen – trotz seiner Fehler und Schwächen. Ihr gewöhnt euch an, kritisches Urteilen und Richten durch Verständnis zu ersetzen. Das alles führt dazu, dass die Verletzungen, die der andere euch zugefügt haben mag, heilen können und vergeben sind. Das hat eine gewaltige psychotherapeutische Wirkung, die ihr auf keine andere Weise erreichen könnt als durch Fürbitte.

Sie setzt in der Regel freilich geduldige Wiederholung voraus. Lasst es nicht beim einmaligen Gebet bewenden, sondern entscheidet euch für einen regelmäßigen Rhythmus der Wiederholung, beispielsweise fünf oder sieben oder am besten neun Tage lang hintereinander oder jeden Donnerstag oder immer am ersten Freitag des Monats, wie ihr wollt.

Die liebevolle Ausrichtung auf den, für den ihr bittet, und das Festhalten der Konzentration sind nicht immer leicht. Sie bedürfen des Trainings. Wir wollen es einmal miteinander üben.

Übung:

a) Am leichtesten geht es mit jemandem, den ihr mögt, der ein netter Kerl ist, vielleicht ein lieber Freund oder Nachbar oder das eigene Kind. Jeder suche sich einen solchen aus und überlege kurz, was es für ihn zu erbitten gibt. Richtet euch auf ihn aus und tragt dem Himmel eure Bitte vor. Jetzt haltet die Konzentration fest, lasst euch den anderen nicht entgleiten. Achtet darauf, wie ihr das innere Bild von ihm anschaut. Es sollte eine unablässige Liebeserklärung sein. Ihr drückt sie nicht nur mit Worten, sondern auch mit dem Klang eurer Stimme, mit den Augen, mit dem ganzen Gesicht aus. Lasst nicht los, bleibt dabei: »Ich mag dich, ich verstehe dich.«

b) Wenn euch das gelungen ist, wählt jemanden, den ihr nicht leiden könnt, der euch vielleicht verletzt, hintergangen, enttäuscht hat, der euch mit Kälte und Gleichgültigkeit gegenübersteht, dessen Verhalten euch völlig fremd und unbegreiflich ist. Jeder hat ja so seinen Lieblingsfeind.
Jetzt versucht, wie ein Engel auf ihn zu schauen: zugewandt, liebenswürdig, verständnisvoll. Lächelt ihn an und sagt innerlich: »Ich achte dich, ich schätze dich, ich würdige dich, ich habe Verständnis, Geduld und ein mildes Urteil.« Da wird sich Unmut in euch regen: »Nein, das habe ich alles nicht.« Dann korrigiert euch und sagt etwa: »Weißt du, ich versuche es, ich mühe mich darum.« Es geht nicht von heute auf morgen, aber wenn ihr das eine Zeit lang übt, wird es euch allmählich gelingen.

c) Dann geht noch weiter und wählt einen brutalen Mörder, dem ihr am liebsten die Todesstrafe wünscht. Begebt euch wieder in die Position des Engels. Macht euch bewusst: ihr seid weder Richter noch Staatsanwalt, noch Polizist, noch Vollstreckungsbeamter. Ihr könnt nicht gleichzeitig fürbitten und richten, das geht nicht. In der Position des Engels werdet ihr nicht über ihn urteilen, sondern ihn – trotz allem! – liebevoll anschauen und etwa sagen: »Ich lasse dich nicht fallen, und du bist auch nicht aus Gottes Liebe gefallen. Indem du so ins Dunkle gegangen bist, hast du Erfahrungen gesammelt, die auch anderen zugute kommen. Vielleicht tatest du das sogar an meiner statt, so bleibt mir erspart, was du jetzt durchmachst. Gerade weil du aus dieser dunklen Erfahrung hervorgehst, kann ich dich lieben und achten. Ich bin gewiss, du wirst umkehren und irgendwann den Heimweg zum Vater finden.«
   Da mag sich wiederum ein Frösteln einstellen: »Nein, ich glaube nicht daran.« Dann ist es Zeit, erst recht hinzuschauen, zu lächeln und zu sagen: »Noch wage ich nicht, dich zu lieben, aber eines Tages werde ich mindestens Verständnis für den dunklen Weg haben, den du genommen hast, werde deine Motive nachvollziehen können. Dann werde ich Hand in Hand mit dir dem Licht entgegengehen und dich brüderlich in den Arm nehmen.«

Wenn es euch einmal gelingen wird, in dieser Haltung Fürbitte zu leisten, also reinen Herzens, von keinem Nebengedanken durchmischt, kann das eine enorme Wirkung auf den anderen haben. Es ist nicht unmöglich, dass er das spürt, dass ihn das Gefühl, noch immer geliebt zu werden, rührt, dass er vielleicht in Tränen ausbricht und letztlich sogar reuevoll den Vater um Vergebung bittet.

Das ist ein äußerst schwieriger, aber der bei weitem wirkungsvollste Weg, der zu Reue und Umkehr führen kann. Hingegen ist die Vorstellung, man könne einen solchen Effekt durch Vorwürfe, Aburteilungen und Strafen erzielen, völlig unrealistisch.

4. Der Entschluss zum Glauben

Zum Fürbitten gehört nicht die sichere Erwartung, dass die Bitte erfüllt wird, wohl aber die innere Gewissheit, dass der Himmel alles für den anderen tun wird, was angesichts seiner Freiheit, der Freiheit anderer Menschen und der gegebenen Umstände das derzeit Bestmögliche für ihn ist, und dass am Ende alles gut werden wird. Fürbitten setzt Glauben voraus.

Ihr könnt natürlich in der Haltung des Zweifelnden Fürbitte leisten, so nach dem Motto: Versuchen wir's, wir werden sehen, ob es klappt. Eure Bitten werden auch dann gehört werden, aber ihr riskiert, euer bisschen »experimentellen« Glauben auch noch zu verlieren, wenn eurem Wunsch nicht entsprochen wird, sei es, weil das derzeit nicht möglich ist, sei es, weil der Himmel die Erfüllung der Bitte nicht für gut und richtig hält.

Noch gravierender als dieses Risiko ist der Umstand, dass Fürbitten in der Haltung des Zweifelnden sehr schwierig ist. Könnt ihr euch dann wirklich an den Vater wenden? Könnt ihr auch die Grundlinie des Dreiecks – die liebevolle Hinwendung zum anderen – so kraftvoll ziehen und vor allem durchhalten, wie es nötig wäre? Vielleicht gelingt es euch mit viel Disziplin. Aber ihr tut euch leichter, wenn ihr euch vorher zum Glauben entschlossen habt.

Ja, ihr habt richtig gehört: Ob ihr glaubt oder nicht, ist eine Frage des Entschlusses! Man glaubt nicht einfach aus Tradition oder Gewohnheit oder weil die Kirche es so lehrt oder weil man irgendwelche Gottesbeweise plausibel fand. Glaube ist eine innere Haltung des ganzen Menschen auf allen seinen geistigen und seelischen Ebenen zugleich. Ob einer diese Haltung einnehmen will oder nicht, ist eine Frage der eigenständigen, freien persönlichen Entscheidung: »Ich gehe davon aus, dass diese Gewissheit angebracht ist.«

Das klingt sehr einfach und sehr sachlich und ist auch so gemeint. Darüber wäre natürlich noch manches zu sagen, aber für unseren Zusammenhang ist jetzt nur Folgendes wichtig: Bevor ihr betet, solltet ihr euch prüfen, ob ihr das in der Haltung der Gewissheit oder in der Haltung des Zweifelns tut, und gegebenenfalls den Entschluss fassen: Ich will mich jetzt den Ansprüchen des kritischen Denkens und der öffentlichen Meinung einfach entziehen und mich in Gottvertrauen dem Himmel öffnen.

Ihr solltet natürlich auch nicht ins andere Extrem fallen und das Beten benutzen, um Weltflucht zu begehen, d.h. die Welt mit ihren Gegebenheiten zu missachten. Der Himmel respektiert erstens die Gesetze der Natur – ein Wunder bewirkt er nur ausnahmsweise unter besonderen Bedingungen –, zweitens eure Freiheit, die Freiheit eures Schützlings und die Freiheit anderer. Die Freiheit ist ein Schöpfungsprinzip, das der Himmel immer und unter allen Umständen achtet. Davon wird er nicht lassen, und wenn ihr ihn noch so intensiv darum bittet. Wenn ihr diese Gegebenheiten außer Acht lasst, respektiert ihr auch den Himmel nicht. Ihr versucht, ihn zu manipulieren, damit er den, für den ihr bittet, manipulieren solle. Diesem wendet ihr euch nicht mit liebevollem Blick zu, sondern mit einem: »Warte nur, dir schicke ich den Himmel auf den Hals.«

So funktioniert das Fürbitten nicht. Macht zuerst von eurer eigenen Freiheit Gebrauch und fasst den Entschluss zum Glauben. Öffnet euch vertrauensvoll dem Himmel und wendet euch dem anderen in Freiheit gewährender Liebe zu. Dann könnt ihr für ihn bitten. Dann braucht der andere auch gar nicht zu wissen, dass ihr für ihn bittet. Es ist sogar besser, er erfährt es so wenig wie irgendein Dritter, weil sonst der fälschliche Eindruck entstehen könnte, ihr versuchtet ihn zu manipulieren.

5. Der Vorbehalt

Wie konkret dürfen Fürbitten sein? Angenommen, ein Freund wünscht sich, die Beate zu bekommen oder einen bestimmten Job. Ich finde auch, das wäre ideal. Der Himmel sieht das aber anders. Ich bitte also um das Falsche. Wie wird das aufgenommen?

Wünsche äußern ist immer in Ordnung, der Himmel freut sich über jedes Gebet. Nur solltet ihr dann nicht enttäuscht sein, wenn er eurer Bitte nicht nachkommt. Der, für den ihr bittet, ist überzeugt, dass sein Lebensglück von dem einen oder anderen Ereignis abhängt, das habt ihr übernommen, eure Bitte beruht auf lückenhafter Information. Der andere hat noch nicht erkannt, dass die ersehnte Beate oder der erstrebte Arbeitsplatz nicht das Beste für ihn wäre, sondern allenfalls das Zweitbeste, und dass sich schon etwas anderes vorbereitet, das viel stimmiger für ihn sein wird. Im Himmel wird eure Fürbitte dann nicht unfreundlich zurückgewiesen oder einfach unbeachtet gelassen. Er stellt sich aber die Frage: Wie können wir euren Schützling inspirieren, dass er das begreift? Wer könnte was tun? Was können wir fügen?

Es gibt dann im Himmel so etwas, was ihr auf Erden eine »Konferenz« nennt. Daran sind u.a. auch die Führungsengel anderer Freunde oder Nachbarn eures Schützlings beteiligt. Könnten diese Menschen ihn vielleicht auf eine Chance für einen stimmigeren Arbeitsplatz hinweisen, die er bisher noch gar nicht gesehen hat? Könnten sie eine Begegnung mit der richtigen Frau herbeiführen? Könnten sie ihm ein bestimmtes Buch schenken oder ihn an dem Abend wach halten, an dem eine aufschlussreiche Fernsehsendung läuft? Die Führungsengel werden versuchen, ihre Menschen entsprechend zu inspirieren.

Dann warten alle ganz gespannt, ob es gelingt – so wie ihr auf das Tor beim Fußball wartet: Merkt er's jetzt? Sieht er's? Begreift er? Nutzt er die Möglichkeit? Kommt er zu der Erkenntnis, dass sein momentaner Wunsch gar nicht das ist, was wirklich gut für ihn ist? Trotzdem werden sie ihm vielleicht die Erfüllung seines derzeitigen Wunsches ermöglichen, um ihm die Freiheit zu lassen, aus eigener Einsicht darauf zu verzichten und das Bessere zu wählen.

Ihr könnt euch den Wunsch eures Freundes also ruhig zu Eigen machen und in der Fürbitte dem Himmel vortragen. Ihr solltet dabei aber immer mitdenken:

»... *wenn* das wirklich das Beste ist. Wenn nicht, dann möge geschehen, was besser ist.«

Am angenehmsten für den Himmel und für euch selbst ist es, wenn ihr diesen Vorbehalt ausdrücklich anbringt. Wenn ihr das regelmäßig tut, dann weiß der Himmel auch ohne dass ihr es jedes Mal sagt: Dieser Vorbehalt ist bei euch immer als selbstverständlich vorausgesetzt.

6. Das Passende erbitten

Wollt ihr noch einen Schritt weitergehen und euch ganz weise verhalten, dann bittet nicht um ein Ereignis in der Außenwelt, sondern um Entwicklung und Wachstum in der Innenwelt: Euer Schützling möge offen für die Inspiration des Himmels sein und zu den Entscheidungen finden, die für ihn und andere die stimmigsten sind.

Ihr bittet für ihn also nicht um die Beate, den Job, das Bankkonto, das Haus, das Auto, sondern um Erkenntnis, um Geduld, um die Größe, eine Angelegenheit oder einen Menschen neu zu sehen, um das Lebendigwerden innerer Kräfte und Möglichkeiten: In der Außenwelt möge das geschehen, was den Lebensabsprachen aller an der Situation beteiligten Menschen am besten entspricht. Ihr macht also zwar den Himmel aufmerksam auf den Kummer, die Sorgen, die Probleme dessen, für den ihr bittet, aber ohne eigenen Lösungsvorschlag, vielmehr in dem Vertrauen, dass der Himmel das Problem ohnehin kennt und in der rechten Weise lösen wird.

Wie, das überlasst dem Himmel, denn ihr könnt es ja nicht beurteilen, noch weniger als euer Schützling, der ja wenigstens durch Innenarbeit zur Erkenntnis kommen könnte. Dann kann es sein, er bekommt den Job oder die Beate, wenn das nämlich tatsächlich stimmig ist. Oder der Himmel fügt es anders. Vielleicht überlegen es sich dann der Arbeitgeber oder die Beate doch noch – aber zu einem Zeitpunkt, wo euer Schützling das nicht mehr braucht: Er weiß inzwischen, was wirklich stimmig ist.

Die Schöpfung trägt das Bestreben in sich, zur Innenwelt zu passen. Der Körper will um die Seele passen wie der Handschuh um die Hand. Das Geflecht eurer Beziehungen will zu eurer Lebensabsprache passen, sodass ihr miteinander und füreinander etwas vom Himmel auf die Erde bringen könnt. Habt ihr das Gefühl, die Umstände passen nicht zu euch, so kann das ein Hinweis sein, dass ihr die äußeren Realitäten ändern solltet. Es kann aber auch daran liegen, dass ihr eure Innenwelt noch nicht entdeckt habt, ihr seid noch nicht für sie erwacht. In diesem Fall löst ihr euer Problem nicht, indem ihr die äußeren Realitäten, sondern indem ihr euch in eurer Innenwelt ändert.

Versucht ihr stattdessen beispielsweise, ein neues Arbeitsverhältnis oder eine neue Partnerschaft einzugehen, nehmt ihr euch selbst mit. Dann werdet ihr alsbald vor ganz ähnlichen Schwierigkeiten stehen, ihr macht dieselben Fehler wie zuvor. Denn das Problem liegt nicht in der Außenwelt, sondern in eurer Innenwelt. Dann kommt es darauf an, das zu erkennen und zuerst die eigene Innenwelt in Ordnung zu bringen. Ist die Innenwelt stimmig, reagiert die Außenwelt entsprechend. Dann werdet ihr auch neue Realitäten schaffen und passende Umstände sozusagen »anziehen«. Die Schöpfung ist ein großes Spiel der Anziehungskräfte des Bezüglichen.

Die Materialisten meinen, die Außenwelt bestimme die Innenwelt. Würden eure Wünsche nicht erfüllt, könntet ihr nicht glücklich und zufrieden sein. Anders herum ist es richtig. Die Außenwelt ist zwar nicht weniger wichtig als die Innenwelt, nicht weniger auf das Wesentliche ausgerichtet. Aber die Befindlichkeit der Innenwelt bestimmt, ob die jeweiligen Wünsche stimmig und berechtigt sind oder nicht.

Bis zu einem gewissen Grad könnt, dürft und sollt ihr sogar die Welt durch Außentätigkeit verändern. Die letztlich wesentlichsten Fragen aber sind: Wie viel Licht und Liebe ist in der Welt? Wie viel Bewusstheit und bewusstes Wahrnehmen? Wie viel Verständnis und Mitgefühl bringt einer dem anderen entgegen? Wie viel Frieden wird wirklich gewollt? Wer steht in Beziehung zu wem? Diese Dinge vollziehen sich in der Innenwelt – in der euren wie in der der anderen.

Euch stehen vielerlei Möglichkeiten zur Verfügung, sogar auf die Innenwelt eines anderen Einfluss zu nehmen. Ihr könnt mit ihm das Gespräch suchen, ihn überzeugen oder überreden, vielleicht seine ablehnende Haltung durch Geduld und Freundlichkeit auflösen. Indem ihr an seine Einsicht appelliert, respektiert ihr mehr oder weniger seine Freiheit. Wenn das alles nicht fruchtet, könnt ihr versuchen, ihn durch Druck zu manipulieren. Ihr könnt ihn z.B. bedrohen, ängstigen, maßregeln, ihn vor Gericht zitieren oder ihn mit Gewalt zu zwingen versuchen.

Das sind die üblichen Wege in der Welt. Doch mit Manipulation werdet ihr wenig erreichen, jedenfalls kaum etwas Durchgreifendes und Dauerhaftes. Der bei weitem wirksamste Weg ist das Gebet für euch selbst und die Fürbitte für die anderen.

Ist das nicht auch eine subtile Form der Manipulation?

Nein, denn der Himmel manipuliert nicht, er respektiert die Freiheit des Menschen, und zwar immer und unter allen Umständen. Allen anderen eurer Möglichkeiten, auf die Innenwelt des anderen Einfluss zu nehmen, wohnt ein Element der Manipulation inne, vielleicht sogar ein ganz massives. In der ideal formulierten Fürbitte hingegen bittet ihr den Himmel beispielsweise, er möge in dem anderen die Erkenntnis wecken, die seinem eigenen Wollen und Streben ganz und gar entspricht. Diese Bitte begleitet ihr mit liebevoller Hinwendung zum anderen: reinen Herzens und absolut lauter.

Der andere hat dann die Freiheit, die Erkenntnis, mit der der Himmel ihn beschenken will, anzunehmen oder abzulehnen. Und ihr habt die Freiheit, ihn in beiden Fällen weiter zu lieben – nicht in Gestalt des persönlichen Hingezogenseins, sondern in Gestalt der dankbaren Liebe zu Gott, zu allen euren Brüdern und Schwestern und besonders zu dem, für den ihr gebetet habt. Damit lasst ihr dessen Freiheit ganz unangetastet.

7. Fürbitte für Gruppen

Können wir auch Fürbitte für ein ganzes Volk leisten oder für die Menschen, die von einer Katastrophe betroffen sind, beispielsweise von Erdbeben, Überschwemmung, Hunger, Seuchen, Krieg oder Bürgerkrieg, oder für Berufsgruppen oder die Kinder dieser Welt?

Gewiss, eure Anteilnahme, eure Sorge, euer Engagement kann für die Betroffenen spürbar werden, und im Himmel wird sie mit Freude aufgenommen. Doch solltet ihr euch nicht auf die abstrakte Bitte um Hilfe des Himmels beschränken, sondern die Fürbitte so konkret wie möglich gestalten: Je konkreter, desto wirkungsvoller.

Deshalb beachtet bitte Folgendes:

- *Erstens:* Macht euch zunächst ein wenig vertraut mit den Menschen, die ihr in den Blick nehmen wollt. Schaut euch im Atlas an, in welcher Weltgegend sie leben und wie es dort aussieht. Informiert euch im Lexikon über ihre politischen, kulturellen, wirtschaftlichen, sozialen, religiösen Lebensverhältnisse.

- *Zweitens:* Nehmt einen bestimmten Menschen in den Blick – als Stellvertreter für die ganze Gruppe. Habt ihr in der Zeitung oder im Fernsehen das Foto einer verzweifelten Mutter oder eines Kindes gesehen, versucht, zu dieser einen Seele in innere Verbindung zu treten, zu ihren Nöten, ihren Tränen. Damit habt ihr einen Anker in die ansonsten ferne und diffuse Realität geworfen. Dann schlagt die Brücke zu den anderen, denen es ebenso geht. Ihr bittet also für den betreffenden Einzelnen und fügt hinzu: »... und für alle, die dort in Not geraten sind.«
- *Drittens:* Bittet auch für die Staatsführer oder einfach für diejenigen, die verantwortliche Entscheidungen zu treffen haben: sie mögen sich am Wohl der Menschen orientieren und alle anderen Interessen zurückstellen. Tut das aber nur, wenn ihr nicht von Zorn oder Verachtung erfüllt seid. Seid ihr der Meinung, der Machthaber sei korrupt, verlogen, ein Diktator, der sich an die Macht geputscht hat und die Menschenrechte brutal missachtet, dann bittet für ihn nur, wenn ihr *dennoch* wie sein Schutzengel auf ihn blicken und euch – wenn auch unter Tränen – sagen könnt: »Auch er kam einmal auf die Welt, weil er etwas zum Heil der Welt auf die Erde bringen wollte. Er möge sich dessen erinnern und es nun realisieren.« Könnt ihr diese Distanz nicht gewinnen, dann wäre die Fürbitte gefährlich: die dunklen Hierarchien können sie sich »schnappen« und für ihre Zwecke missbrauchen. Macht euch das nicht zum Vorwurf, schlagt euch nicht damit herum, sondern lasst diese Fürbitte lieber ganz.
- *Viertens:* Wenn ihr für andere Gruppen bitten wollt, beispielsweise für »die Priester« oder »die Ärzte« oder »die Arbeitslosen«, rückt wiederum einen von ihnen stellvertretend vor euer inneres Auge, vergegenwärtigt euch seine Situation. Durch Anknüpfung an den konkreten Einzelnen findet ihr am besten Einblick in das Problemfeld. Dann kann von der Fürbitte eine kraftvolle Wirkung ausgehen.

Wollt ihr für die Kinder dieser Welt beten, so stellt euch ein Kind aus Lappland vor, eines aus Estland, eines aus Afrika, eines aus China, eines aus Tibet, eines aus Indien usw. Lasst sie eine Menschenkette bilden – eins an der Hand des anderen. Habt ihr so die Kinder der Welt in den Blick genommen, könnt ihr auch ihre Eltern und Familien einbeziehen. Haltet den Blick auf diese Menschen gerichtet und ruft gleichzeitig den Himmel an, ladet ihn ein, bittet ihn eindringlich, fordert ihn auf, alle menschlichen Bemühungen um sie und ihre Zukunft zu segnen und nach Kräften zu unterstützen.

8. Fürbitte für Verstorbene

Können wir auch für die Seelen Verstorbener bitten?

Ja natürlich. Die Kirche betet ja auch für sie. Sie bittet z.B., dass ihnen ihre Sünden vergeben sein mögen und das ewige Licht ihnen leuchte. Sie bittet vor allem für die »armen Seelen« derjenigen, die ohne Reue und Umkehr in Sünde gestorben sind.

Die armen Seelen leben im Bewusstsein ihrer Schuld und haben kein Vertrauen, dass ihnen vergeben werden könne. Sie können sich deshalb auch selbst nicht vergeben. Darum verharren sie in einer kalten grauen Steinwüste – in ihrer inneren Hölle – und wagen nicht den Schritt zum Gespräch mit Christus.[12] Sie sind auf Hilfe angewiesen. Es gibt zahlreiche himmlische Helfer – Engel, Heilige und euch Menschenseelen, die eine gleiche Erfahrung gemacht haben. Sie versuchen, sie zu überzeugen und zu diesem Schritt zu ermutigen. In einer solchen Situation kann auch die Fürbitte von auf Erden lebenden Menschen sehr wirksam werden.[13]

Die Seelen der Verstorbenen nehmen es immer wahr, wenn man für sie betet, sie spüren es wie einen warmen Hauch. Die armen Seelen sind freilich in einer Verfassung innerer Resignation und Verhärtung. Ein einmaliges Gebet ist kaum in der Lage, ihr

12 Alexa Kriele: *Mit den Engeln über die Schwelle zum Jenseits.* Kailash 2004, S. 88ff.

13 ebd., S. 95

Bewusstsein zu wecken und ihr Herz zu erreichen. Dazu bedarf es kontinuierlicher Wiederholung, manchmal über Monate oder gar Jahre hinweg. Geduldige, ausdauernde Gebetsarbeit kann aber mit der Zeit dazu helfen, dass die Seele Orientierung findet und schließlich wagt, dem Sohn gegenüberzutreten.

Dass sich eine Seele so in der inneren Hölle ihres Sündenbewusstseins verbunkert, geschieht aber selten und normalerweise nur, wenn sie es auf Erden schlimm getrieben hat. Für den Regelfall solltet ihr davon ausgehen, dass es der Seele des Verstorbenen gut geht, dass sie wohl behütet und begleitet ist und Schritt für Schritt ihren Weg geht. Die Hinterbliebenen sollten das respektieren und nicht versuchen, sie in untröstlicher Trauer herbeizurufen. Sie brauchen auch nicht zu bitten, sie möge Frieden finden – den hat sie schon gefunden –, sondern sollten sie in diesem Frieden belassen.[14]

Wenn ihr für sie beten wollt, dann sollte der wesentliche Inhalt ein Ausdruck eurer Dankbarkeit sein. Dies wird die Seele mit Dankbarkeit empfinden, mit Freude, als einen lieben Gruß, der ihr die Botschaft bringt: »Da denkt jemand an mich zurück, für den es schön war, dass es dieses Erdenleben gegeben hat. Es war gut, dass ich auf der Welt war, es hat Sinn gemacht, es hat etwas bewirkt. Es gibt Menschen, die sich daran erinnern und mir ein freundliches Gedenken bewahren.«

Das erfüllt die Seele zugleich mit frischem Mut für ihr weiteres Dasein im Himmel und für ihre kommende Inkarnation auf Erden. Sie fühlt sich bestärkt in der Erfahrung: »Ich kann tatsächlich etwas vom Himmel auf die Erde bringen, es lohnt sich. Also will ich mich gern auf kommende Aufgaben vorbereiten. Es ist schön, an die Erde zu denken, ich freue mich schon, dort irgendwann wieder weitermachen zu dürfen. Ich werde auch dort wieder Liebe bringen und Liebe finden. Ich werde etwas bewirken können, was zum Heil der Welt ist.«

Wie, wenn wir einen solchen Dankesgruß einem Verstorbenen zusenden, der inzwischen schon wieder inkarniert ist, was wir aber nicht wissen?

14 Alexa Kriele: *Mit den Engeln über die Schwelle zum Jenseits.* Kailash 2004, S. 259ff.

Wenn ihr regelmäßig Fürbittarbeit leistet, bekommt ihr mit der Zeit ein Gefühl dafür, ob sie ihren Empfänger im Himmel erreicht oder ob sich sozusagen die »Adresse geändert« hat. Aber auch dann, wenn er wieder inkarniert ist, wird die Bitte seinen Sonnenengel, die übrigen Mitglieder seines Zwölferkreises[15] und auch seine jetzigen Führungs- und Schutzengel erreichen. Obwohl er selbst sie nicht bewusst wahrnimmt, wird sie seiner Seele gut tun. Vielleicht spürt er sogar etwas und sagt sich: »Wenn ich dem innerlich nachgehe, scheint so etwas wie Dankbarkeit aus der Vergangenheit zu mir herüberzufließen: irgendjemand aus einem anderen Leben scheint sich meiner zu erinnern.«

15 Alexa Kriele: *Wie im Himmel so auf Erden. Die Botschaft der Engel.* Band 3, Kailash 2005, S. 237ff.

Sechstes Kapitel: Fürbitte um Genesung

1. Geist und Materie

Kann eine Fürbitte um Heilung, Genesung, Schmerzlinderung etwas bewirken? Kann der Himmel im Krankheitsfall überhaupt etwas tun?

Der Frage liegt ein Zweifel zugrunde, nämlich: Liegt der Körper nicht außerhalb der Reichweite des Himmels, weil er der Materie angehört und den chemisch-physikalischen Naturgesetzen unterworfen ist? Können nicht-inkarnierte Geistwesen überhaupt in die Abläufe der materiellen Natur eingreifen?

Die Antwort mag euch überraschen, sie lautet: Ja. Um sie verständlich zu machen, müssten wir auf die Frage eingehen, wie Geist und Materie zusammenhängen. Das ist ein komplexes Thema, das wir an dieser Stelle nur antippen können. Einiges habe ich euch schon gesagt, als wir über die Auferstehung Christi sprachen: Die gesamte Schöpfung ist aus Gottes Geist hervorgegangen, mit dem »Fall der Engel« ist ein Teil in die Materie gesunken. Das Materielle ist also geistigen Ursprungs. Seine Besonderheit liegt nur darin, dass es sich in einem Zustand langsamerer Schwingung befindet. Durch Beschleunigung der Schwingungen konnte sich der Leib des Herrn entmaterialisieren, durch Verlangsamung aber auch wieder materialisieren. Deshalb konnte der Körper des Herrn für die äußeren Augen sichtbar werden und sich sogar an den Mahlzeiten der Jünger beteiligen. Er konnte sich aber auch wieder ihren Blicken entziehen; zuletzt in der Himmelfahrt.[16]

16 Alexa Kriele: *Wie im Himmel so auf Erden. Die Botschaft der Engel.* Band 3, Kailash 2005, S. 107ff.

Wenn ihr euch dieses Geschehen vergegenwärtigt und die Zeugenberichte darüber so ernst nehmt, wie es den Realitäten entspricht, dann wird euch nicht mehr wundern, dass Geist auf den Körper einwirken kann. Um das einzusehen, ist nichts weiter nötig, als dass ihr die Realitäten unvoreingenommen betrachtet und nicht mit festgelegten Vorstellungen und Vorurteilen, die nicht der Wirklichkeit entsprechen.

Geist und Materie sind kein Gegensatz, sondern Materie ist Geist in einem sehr niedrigen Schwingungszustand, vergleichbar der Verdichtung von Wasserdampf zu Wasser und dann zu Eis. In diesem Zustand gelten die Naturgesetze, die die Materie berechenbar machen, vor allem die Bindung an den Ort. Ein Engel kann an mehreren Orten gleichzeitig sein, ein inkarniertes Wesen nicht. Die Materie gehört aber zur Schöpfung, sie ist aus dem Vater hervorgegangen, ist also wesensgleich mit ihm und befindet sich mit dem »Fall« lediglich in einem verdichteten, langsam schwingenden Zustand, aus dem sie auch wieder zurückkehren kann und am Ende der Zeiten zurückkehren wird.

Ähnliches gilt für die dunklen Hierarchien: sie waren Engel, sind zwar gefallen, können und werden aber wieder zurückkehren.

Die so genannten »dualistischen« Weltvorstellungen, wonach sich vom Ursprung her Gott und Gegengott, lichte und dunkle Hierarchien, Gut und Böse, Geist und Materie gegenüberstehen und miteinander ringen, verfehlen die Realität.

Konsequente Materialisten gehen noch weiter und meinen: die Materie habe im Laufe der Evolution Leben, Emotionen, Geist und die Ich-Erfahrung hervorgebracht: das alles seien Erscheinungsformen der Materie.[17]

Die sind der Realität schon wesentlich näher als die Dualisten. Sie brauchen nur einen Schritt zu tun und sich der Frage zu stel-

17 Beispiel: der Hirnforscher Holk Cruse: *Ich bin mein Gehirn. Nichts spricht gegen den materialistischen Monismus,* in: Christian Geyer (Hg.), *Hirnforschung und Willensfreiheit,* Suhrkamp 2004, S. 223ff.
Dazu Martin Kriele: *Hirnforschung und Rechtsreform,* in: Zeitschrift für Rechtspolitik 2005, S. 85ff.

len: Woher hat die Materie diese Zauberkraft? Sie kann sie doch nur haben, wenn Geist und Materie schlussendlich dasselbe sind. Dann bleibt nur die Frage übrig: Wem gebührt der Vorrang, wer bringt wen hervor? Lasst euch nicht die Vorstellung zumuten, die Materie bringe den Geist hervor. Denn das wäre sogar im innerwissenschaftlichen Kontext gegen alle Wahrscheinlichkeit und Erfahrung und wird sich über kurz oder lang von selbst erledigen.

Respektiert aber die Freiheit der Materialisten und ihre Motive. Sie wollen beispielsweise, dass ihr die irdische Materie schätzen lernt und pfleglich mit ihr umgeht, dass ihr euch nicht von allerlei idealistischen Ideologien fanatisieren und in Kriege und Totalitarismen stürzen lasst und dergleichen. Darüber wurde der Materialismus selbst zur idealistischen Ideologie, führte in die Totalitarismen des 20. Jahrhunderts und sich selbst ad absurdum. Haltet euch einfach an die Realität.

Der Mensch konnte sich auf Erden inkarnieren, als die Evolution so weit fortgeschritten war, dass sie einen dazu geeigneten Körper zur Verfügung stellen konnte. Als inkarnierte Wesen seid ihr nicht Fremdlinge in der materiellen Welt, sondern wohnt als geistig-seelische Ich-Wesen vorübergehend in materiellen Körpern und damit in »geronnenem« Geist. Wir sprachen ja schon davon, dass der Körper auf ein Erlebnis geistig-seelischer Art reagiert: es »schlägt auf den Magen«, bringt euch zum Erröten oder Erblassen, lässt das Herz schneller schlagen usw. Also liegt es nicht so fern, dass er auch auf das lichte und sanfte Wirken eines Engels reagieren kann.

Das geschieht nicht etwa dadurch, dass sich die Hand des Engels materialisiert, sondern auf der energetischen Ebene: die Schwingungen werden den Zellen des Körpers spürbar. Geist wirkt auf den materiellen Körper, weil beide gleichen Ursprungs, also Geschwister und einander ähnlich sind. Der Körper reagiert auf den Himmel sogar viel schneller als euer Verstand, er hat ein eigenes »Körperbewusstsein«, und dieses nimmt die Nähe des Engels viel schneller wahr als euer Wachbewusstsein.

Der Körper signalisiert euch stets, ob er sich wohl fühlt oder ob es ihn fröstelt, ob etwas klemmt, schmerzt oder sonstwie ungut ist.

2. Blockaden

Warum gelingt dann eine Heilung nicht ohne weiteres so, wie wir es erbeten haben? Müsste der Körper nicht voller Freude hinhören und gesunden?

Nun, euer Körper hat ja einen Herrn, und dieser lebt in einer geistig-seelischen Gesamtverfassung. Darin gibt es allerlei Blockaden. Einige Beispiele: Der Herr des Körpers meint, die Vorstellung eines »Himmels« sei Humbug, unsichtbare Helfer gebe es nicht. Dann können die Zellen die Stimme des Engels zwar hören, dürfen aber nicht reagieren. Dasselbe gilt, wenn der Herr meint: »Mir kann keiner helfen, weder Ärzte noch Engel.« Oder wenn er tief verletzt und voller innerer Vorwürfe ist: »Dieses Leben ist gelaufen, es ist sowieso alles nichts.« Oder wenn er voller Wut denkt: »Euch werde ich zeigen, wie viel Mühe ich euch bereiten werde«, und sich zum Pflegefall machen will. Oder wenn er von Ängsten beherrscht wird, nicht nur vor dem Sterben, sondern auch vor dem Leben, und deshalb nicht gesunden will. Oder wenn er verzweifelt ist und zu jedem Mittel greift, weil er alles glaubt. Denn das bedeutet: er glaubt nichts und lebt im Dunkel. Zur lichten Haltung gehört die kritische Prüfung. Oder wenn ein homöopathisches Mittel helfen könnte; er meint aber als eingefleischter Materialist, das sei unmöglich, weil keine chemisch wirkende Substanz darin enthalten sei. Dann lässt der Körper die Wirkung nicht zu, und der Materialist fühlt sich bestätigt.

Es gibt zwar starke, unwiderstehliche Medikamente, so genannte »Hämmer«. Ein weniger starkes Medikament macht quasi ein Angebot, das der Körper annehmen oder ablehnen kann. Es führt ein Zwiegespräch mit dem Körper. Bei mittelstarker Wirkung sagt es etwa: »Ich wirke jetzt, es hat doch niemand etwas dagegen?« Bei schwächerer Wirkung sagt es höflich: »Grüß Gott, darf ich wirken?«

Die feinstmögliche Wirkung hat das Gebet. Lichte Wesen reden dann mit dem Körper, machen ein Angebot der Liebe. Das kann heilend wirken, aber auch abgelehnt werden. Wird es abgelehnt, können die lichten Wesen höchstens noch Milderung, Entspannung, eine bessere Befindlichkeit herbeiführen.

Da der Himmel die Freiheit unbedingt respektiert, kann er auch die blockierenden Prägungen nicht einfach durchbrechen, sondern hat sie hinzunehmen. Letzte Instanz für den Himmel ist die eigene Verantwortung des Menschen, in sie kann und will er nicht eingreifen. Wenn der Mensch nicht glaubt, dass ein geistiger Heilvorgang wirksam werden kann, dann hat der Himmel das zu respektieren. Er führt zwar ein Zwiegespräch mit dem Körper, an dem ist die geistig-seelische Verfassung seines Herrn aber beteiligt. Dessen Blockaden kann er nicht einfach überspringen, er bleibt in ihnen stecken.

Deshalb kann er längst nicht all das bewirken, was er theoretisch bewirken könnte. Er kann nur mitwirkend tätig werden. Mithilfe erübrigt nicht den eigenen Willen, die eigene Verantwortung dessen, für den ihr bittet. Wenn er Fügungen gar nicht wahrnimmt, Inspirationen nicht ernst nimmt, zu einem inneren Wandel, einem Loslassen nicht bereit ist, dann kann ein geistiger Heilungsversuch nicht bis zur materiellen Ebene durchdringen.

Deshalb ist es für den Himmel oft so schwierig, über gute Ansätze hinauszukommen. Er kann dann vielleicht Schmerzen lindern, den Willen zur Gesundung verstärken, die Disposition dazu vergrößern, den Weg dazu ebnen, Entspannung und Wohlgefühl bewirken und ein Aufatmen auslösen. Weitergehende Heilmöglichkeiten aber sind vorläufig verstellt.

Sie lassen sich wiedergewinnen, aber dazu bedarf es zunächst eines Prozesses der geistig-seelischen Heilung, Reinigung, Neuorientierung. Elion hat euch ja in dem Kursus über die psychosomatischen Zusammenhänge an vielen Beispielen erläutert, dass die Disposition zu körperlichen Erkrankungen oft geistig-seelische Ursachen hat.[18] Das gilt natürlich entsprechend auch für die Disposition zur Nichterkrankung, beispielsweise zur Abwehr von Ansteckung durch Viren und Bakterien. Es gilt dann logischerweise erst recht für die Disposition zur Gesundung nach eingetretener Krankheit.

Die Wiederherstellung einer verlorenen Gesundheit ist wesentlich schwieriger als die Aufrechterhaltung eines gesunden Zustands. Die Fürbitte um Genesung verlangt deshalb gesteigerte Intensität, Konzentration und vor allem Wiederholung.

18 Veröffentlichung noch in Vorbereitung.

Die kontinuierliche Wiederholung in Geduld und Ausdauer wird nicht nur den Himmel rühren. Sie kann auch die Körperzellen des Kranken mit der Zeit aufmerksam machen und aus der Trägheit reißen, mit der sie sich an den leidenden Zustand gewöhnt haben. Und sie kann den Kranken, der vielleicht resigniert hat und an die Genesung gar nicht mehr glauben mag, mit neuer Hoffnung erfüllen und seinen entschiedenen Willen zur Genesung wecken.

An diesen Eigenwillen des Patienten können die himmlischen Helfer dann anknüpfen: Sie können unterstützend, helfend, mitwirkend tätig werden. Das tun sie natürlich nur, wenn es im Sinn des Himmels stimmig oder zumindest nicht unstimmig ist. Sie werden aber nie ohne den Eigenwillen des Menschen oder gar gegen ihn agieren. Dieser ist vielmehr Grundlage und Voraussetzung ihres Handelns.

Ebenso respektieren sie die Eigendynamik der Materie. Es gibt Reibungsverluste, Alterungsprozesse, Anfälligkeiten des Körpers, Ermüdung, Erschöpfung, Zerstörung von Zellen, und die führen schließlich zum »point of no return«, da ist dann praktisch nichts mehr zu machen.

Ansonsten können die himmlischen Helfer wenigstens zu einer günstigen Gesamtdisposition für die Heilung beitragen. Das ist nicht wenig und stets den Versuch eurer Fürbitte wert. Manchmal ist es genau das, was der Patient braucht und was die Wende herbeiführt. Dann stehen die Ärzte staunend vor einem Rätsel, und ihr, von deren Fürbitte niemand weiß, dürft euch freuen und denken: Ja, Gebete können Wunder wirken!

3. Können wir von Jesus lernen?

Wieso konnte denn Jesus Kranke heilen? Oder ist das Legende?

Nein, es ist wahr. Da kamen zwei Umstände zusammen. Zum einen: Die Kranken waren von dem Glauben durchdrungen, dass er heilen konnte. Ihre Körper waren also nicht durch Blockaden ihres Herrn gehindert, die Heilung anzunehmen. Deshalb konnte Jesus sagen: »dir geschehe nach deinem Glauben« (Mt. 9,29; 15,28) und »dein Glaube hat dir Heilung gebracht« (Mt. 9,22).

Zum anderen begegnete Jesus den Kranken mit einer so vorbehaltlosen, alles umfassenden Liebe, dass der Körper des Kranken *ihn* als seinen Herrn anerkannte. Deshalb konnte Jesus auch z.B. den Knecht des Hauptmanns heilen, obwohl nicht der Knecht selbst, sondern der Hauptmann an seine Heilkräfte glaubte (Mt. 8,5–13).

Wenn ihr ebenso große Liebe wie Jesus entwickeln würdet, könntet ihr das auch. Der Unterschied zwischen seiner und eurer Heilfähigkeit ist also nicht ein prinzipieller, sondern ein gradueller. Prinzipiell einzigartig, weil in seiner Göttlichkeit begründet, war allerdings Jesu Fähigkeit, Verstorbene ins Leben zurückzurufen.[19]

Jesus kam zu den Menschen nicht nur als Lehrer und Meister, sondern als der Therapeut schlechthin. Wenn er heilend wirkte, bediente er sich durchaus auch der medizinischen Techniken, die es damals gab. Die heutigen Techniken würde er ebensowenig verschmähen. Ihr wisst ja, dass die Engel, die ihr in Gesundheitsfragen um Rat fragt, als Erstes immer sagen: Der Kranke gehört in die Hände eines Arztes.

Einmal angenommen, Jesus hätte sich in der heutigen, von den modernen Wissenschaften geprägten Welt inkarniert, so hätte er als junger Mensch vermutlich Medizin studiert, sich allerdings daneben auch mit chinesischen, indianischen und anderen Heilpraktiken vertraut gemacht. Darüber hinaus hätte er vielleicht auch Theologie und Philosophie studiert – allerdings mit Amüsement, vielleicht hätte er auch Rechtswissenschaften studiert, wahrscheinlich aber nicht Psychologie. Und er hätte ein Instrument erlernt und wäre sehr musisch.

Das ist natürlich Spekulation; ich will damit nur sagen: Der Himmel hat keine Einwände gegen die wissenschaftliche Medizin und ihre Techniken, im Gegenteil. Nur genügt das vielfach nicht, um die innere Disposition zu der Krankheit zu überwinden, diese tritt dann immer wieder auf, die durchgreifende Heilung ist nur vertagt, denn es bedarf einer psychisch-geistigen Heilung. Die moderne Medizin ist in Ordnung, nur häufig zu

19 Zu der Frage, wie das möglich war, siehe Valentin Tomberg: *Lazarus komm heraus.* Mit einer Einführung von Robert Spaemann. Hg.v. Martin Kriele. Basel: Herder 1985, S. 73–85.

eng, zu festgelegt auf Chemie, zu dogmatisch-materialistisch, wie sich in der prinzipiellen Zurückweisung beispielsweise von homöopathischen und naturheilkundlichen Erfahrungen zeigt. Wenn möglich, wählt einen Arzt, der zu euch passt und dessen Horizont weit genug ist, auch spirituelle Erfahrungen nicht auszuschließen. Das Urbild des idealen Arztes schlechthin ist Jesus Christus.[20]

Übung:

Fragt euch, wer aus eurem Bekanntenkreis krank oder zumindest so blass, schwach und abgespannt ist, dass er die Hilfe des Himmels gut gebrauchen könnte. Nehmt ihn in den inneren Blick und wendet euch fürbittend an den Vater und an einen Engel oder einen Heiligen. Der wird ins Bild treten, und ihr schaut einfach, was für Handlungen er vornimmt. Blickt dem Kranken ins Gesicht. Ihr werdet sehen, wie er aufblüht.

Das Gleiche könnt ihr machen, wenn es nicht um einen Kranken, sondern einen Traurigen, Geschlagenen, Verlorenen geht. In diesem Fall stellt euch die junge Maria mit dem Kind und dann Maria mit dem Leichnam des Gekreuzigten möglichst plastisch vor euer inneres Auge und schaut, was sie tun wird, um euren Schützling zu trösten und aufzurichten.

4. Schritte zur Genesung

Können wir auch dann darauf vertrauen, dass die Fürbitte wirksam ist, wenn Außenstehende nichts Auffallendes wahrnehmen?

Ihr wisst ja nicht, was alles im Unterbewusstsein geschieht. Der Zustand eures Schützlings hat meist eine lange Vorgeschichte, die bis in frühere Inkarnationen zurückreichen kann. Vielleicht war er jahrelangen Kränkungen ausgesetzt. Dann setzt die Disposition zur Gesundung als Erstes die Bewusstwerdung dieses

20 Alexa Kriele: *Mit den Engeln über die Schwelle zum Jenseits.* Kailash 2004, S. 187ff.

inneren Zusammenhangs voraus, und dazu kann eure Fürbitte ausschlaggebend werden.

Oder die himmlischen Helfer bewirken, durch euer Gebet veranlasst, die bessere Verträglichkeit eines Medikaments. Oder sie geben dem Arzt die Idee für eine treffende Diagnose oder eine besser geeignete Therapie ein. Oder sie fügen, dass sich das Verhalten des Partners, das bisher so verletzend war, ändert. Oder das Traumleben eures Schützlings ändert sich und löst nicht mehr eine bedrückende, sondern eine zuversichtliche Tagesstimmung aus. Oder die Einstellung des Kranken zum Kranksein, zum Sterben, zum Leben nach dem Sterben wird gelöster und gelinder. Oder es findet durch himmlische Fügung eine schmerzlich ersehnte Versöhnung statt. Oder der Atemrhythmus eures Schützlings ändert sich und es kommt zu einer besseren Sauerstoffversorgung. Oder seine Wahrnehmung der Dinge ändert sich, seine Prioritäten kommen in eine bessere Ordnung. Oder es kommt überhaupt Bewegung in seinen Zustand, weil er sich entscheidet, ob er lieber leben oder sterben will, der Stillstand wird überwunden. Oder der Himmel bringt ihm Freude, vielleicht durch freundliche Besucher und lächelnde Krankenschwestern, vielleicht durch Vögel vor seinem Fenster.

Das alles kann Wirkung einer Fürbitte sein. Ihr solltet Heilung als etwas Ganzheitliches sehen. Sie kann an verschiedenen Ecken ansetzen. Der Himmel verfügt über viele verschiedene Möglichkeiten, er weiß, was ihr nicht wissen könnt, nämlich was im Gesamtzusammenhang das Vordringliche und Passende ist. Also lasst euch nicht zu schnell entmutigen, seid vorsichtig im kritischen Urteil. Fürbitten können auf vielerlei Weisen sehr wirksam werden, wenn ihr in Gottvertrauen betet.

Siebtes Kapitel: Zur Wirkung von Bittgebeten

1. Sind Bittgebete nicht überflüssig?

Hat das Gebet eine Bitte zum Gegenstand, so schaltet sich der *Sohn* ein und sagt etwa: »Ich begleite das, ich bin dabei, ich helfe weiter, ich schau, was ich machen kann.« Dasselbe gilt für die *Mutter*, und auch der *Heilige Geist* fühlt sich angesprochen und sagt etwa: »Ich werde das meine beitragen.« Also die ganze Trinität hört euer Gebet, auch wenn Hunderttausende auf der Welt gleichzeitig beten. Wendet ihr euch an einen bestimmten *Engel*, z.B. an den Heiligen Erzengel Michael, oder an einen *Heiligen*, z.B. den Heiligen Gebhard, dann wird der Sohn etwa sagen: »Hilf ihm, schau, er braucht Dich, wir beide arbeiten zusammen.« – Ebenso hören es die Engel und Heiligen, die mit euch verbunden sind.

Die Angerufenen kennen doch unser Problem schon, ehe wir es angesprochen haben. Wozu sie noch ausdrücklich bitten?

Gewiss, sie kümmern sich um euch, auch ohne dass ihr darum gebeten habt. Trotzdem macht es Sinn, zu bitten, und zwar nicht nur, weil das höflicher ist, als passiv zu bleiben und ihre Hilfe zu erwarten. Indem ihr bittet, gebt ihr der Erkenntnis Ausdruck, dass die himmlischen Wesen da sind und euch helfen werden, und sprecht ihnen damit Anerkennung aus. Zugleich macht ihr von eurer Freiheit Gebrauch, eure Probleme als solche zu erkennen, auf die Tagesordnung zu setzen und anzupacken.

Die Anerkennung geht der Erkenntnis voraus, nicht umgekehrt. Das gilt in allen Bereichen: Erst wenn ihr anerkennt, dass ihr ein Problem habt und es nicht verdrängt, könnt ihr erkennen, worin es liegt und wie es gelöst werden könnte. Erst wenn ihr anerkennt, dass der Sohn euer Meister und Bruder ist und ihm mit Ehrfurcht begegnet, könnt ihr sein Dasein und Wirken erkennen. Dasselbe gilt für die Mutter, den Heiligen Geist, die Engel, die Heiligen. Auch der Wissenschaftler kommt nur zu Resultaten, wenn er das Objekt seiner Forschung als ein ernst zu nehmendes anerkennt, ihm mit Respekt, wenn nicht sogar mit Liebe gegenübertritt.

Das Bittgebet gibt erstens eurer Anerkennung des Himmels und seiner Wirkmöglichkeiten Ausdruck, zweitens der Anerkennung eures Problems. Beides setzt euch erst instand, die Reaktion des Himmels als solche zu erkennen. Wenn ihr ein Bittgebet sprecht, drückt ihr damit aus, dass ihr den Himmel anerkennt und an seine Macht glaubt. Erst dann könnt ihr erkennen, dass der Himmel handelt und auf euer Bittgebet reagiert.

Ich rate, dass ihr euch gut überlegt, wen ihr anrufen wollt. Denn jeder Engel und Heilige hat seine Stärken, Kompetenzen und Eigenarten und ist auch in der kirchlichen Tradition für bestimmte Dinge »zuständig«. Natürlich könnt ihr auch einfach sagen: »Ich erbitte die Hilfe des Himmels.« Das ist, wie wenn ihr auf Erden in einer Notsituation um Hilfe ruft und hofft: irgendwer wird schon kommen. Aber wenn ihr nicht so in Zeitnot seid, dann überlegt ihr ja auch, wer der geeignete Helfer wäre: der Klempner, der Tankwart, der Hals-Nasen-Ohrenarzt, und unter den Fachärzten wählt ihr denjenigen, in dessen Methoden ihr am meisten Vertrauen habt. Legt euch ein kleines Büchlein mit den Namen und »Zuständigkeiten« von Engeln und Heiligen an, die ihr in bestimmten Situationen anrufen wollt.

Ein Beziehungsnetz zu knüpfen gehört zum Menschsein. Auch auf irdischer Ebene habt ihr eure Bezugspersonen – Freunde, Angehörige, Kollegen, nähere und fernere Bekannte, ihr bezieht euch nicht auf »alle Menschen dieser Welt«. So solltet ihr auch im Himmel »Bezugspersonen« haben, die euch vielleicht schon aus Kindheit oder Tradition vertraut sind, mit denen ihr euch beschäftigt habt, die euch schon einmal geholfen haben, die euch besonders sympathisch sind und mit denen ihr in lebendigem Kontakt steht.

Lasst dabei auch den Familiengedanken walten. Sucht euch einen väterlichen Freund; der Heilige Josef oder Pater Pio sind typische Vertreter des Väterlichen. Sucht euch eine mütterliche und eine schwesterliche Freundin unter den Engeln und Heiligen, oder auch einen Heiligen, von dem ihr das Gefühl habt: er oder sie hätte mein Kind sein können.

Jedenfalls bedenkt: Im Himmel gibt es kein Kompetenzgerangel, keine Eifersucht, kein Beleidigtsein. Wenn der Angesprochene meint, ein anderer könne das besser machen, leitet er die Bitte weiter. Im Himmel herrscht das, was ihr auf Erden immer sucht: eine geglückte Gemeinschaft. Alle arbeiten zwanglos zusammen, wie in einem gut aufeinander eingespielten Team.

Der Himmel ist immer bemüht, den Menschen einzubeziehen und für die Mitarbeit zu gewinnen. Der Beter macht diese Erfahrung und wird dadurch auch auf Erden immer gemeinschaftsfähiger: Seine Beziehungen zu seinen Partnern in Familie, Beruf, Nachbarschaft usw. werden ihm immer besser glücken. Die geglückte Gemeinschaft im Himmel strahlt auf die irdischen Beziehungen aus. Je mehr man sich ihr betend öffnet, desto wirksamer wird sie das tun. Deshalb werden die menschlichen Beziehungen dem, der viel und reinen Herzens betet, immer besser glücken. Und er wird für andere Menschen segensreich wirken: tröstend, stärkend, ihre Beziehungen reinigend und entspannend. Er tritt durch sein bloßes Sosein in einen segensreichen Zustand.

2. Was können Fürbitten bewirken?

Wenn wir für einen anderen bitten, geben zwar wir der Anerkennung des Himmels Ausdruck, aber nicht der andere, für den wir bitten. Was kann die Fürbitte trotzdem bewirken?

Gewiss, der Himmel kümmert sich auch ohne ausdrückliche Aufforderung um euren Schützling. Er ist ja wie ihr von Schutz- und Führungsengeln begleitet, und in seinen Innenräumen wirken weitere Engel, ja Repräsentanten der Trinität. Da mögt ihr fragen: Was braucht es mehr? Nun, das Bittgebet wirkt in mehrerer Hinsicht verstärkend.

- *Erstens:* Wenn ihr in der Fürbitte eurem Schützling so viel Liebe und Aufmerksamkeit zuwendet, wirken die Engel nicht nur um seinetwillen, sondern auch um euretwillen. Sie empfangen also eine zusätzliche Motivation, zu fügen, zu schützen, zu korrigieren, zu schenken, zu helfen, sich um euren Schützling zu mühen.

- *Zweitens:* Es rührt den Himmel, dass ihr euch für einen anderen einsetzt, euch Zeit für ihn nehmt, die Konzentration durchhaltet, dass ihr vorher sogar die innere Reinigung vollzogen habt. Das ist so unendlich schön und überzeugend, dass es den Kräften der Engel zusätzlichen Auftrieb gibt. Auf menschlicher Ebene kennt ihr etwas Ähnliches, wenn ihr eure Sportler durch Zurufe zu Hochleistungen anspornt, oder wenn Musiker erst dann zur Bestform finden, wenn man ihnen mit Aufmerksamkeit und Begeisterung lauscht. Die Engel tun immer ihren Dienst, hier aber tun sie ihn in einem Überschwang der Freude und der Dankbarkeit.
- *Drittens* gibt die Fürbitte Anlass, in einer Art »Himmelskonferenz« weitere Helfer hinzuzuziehen wie bestimmte Heilige oder die Führungsengel Dritter, die dann etwas fügen, was euch oder eurem Schützling zu neuen Wegen helfen könnte (s.o. S. 54).
- *Viertens* haben die Engel der Seele eures Schützlings etwas Wichtiges mitzuteilen: »Jemand hat für dich gebetet. Du siehst: Du bist wichtig, du wirst ernst genommen.« Dann kann die Seele innerlich aufatmen und sich sagen: »Es gibt einen Menschen, den es kümmert, ob es mir gut geht und ob ich es meistere. Ich spüre einen warmen Hauch von Liebe.« Das wirkt auf die Seele kräftigend, ermutigend und beruhigend. Es wird ihr leichter, sie fühlt sich geborgener, sie findet zu neuer Zuversicht.
- *Fünftens:* Die dunklen Mächte werden durch diesen zusätzlichen Lichteinbruch zurückgeschleudert. Er macht sie zwar wütend, sie knirschen mit den Zähnen, aber sie können derzeit nicht mehr so dicht an euren Schützling heran. Das Bittgebet schafft also den lichten Mächten mehr Raum, die Seele eures Schützlings wird offener und empfänglicher für ihre Inspirationen, Hinweise, Fügungen oder Schutzmaßnahmen.
- *Sechstens:* Noch etwas bewirkt euer Bittgebet: Es macht Gott eine Freude. Unterschätzt nicht, was liebevoll und reinen

Herzens gesprochene Gebete auslösen! Der Gedanke, dass Gott Grund zur Freude hat, könnte schon für sich allein Motivation für eure Fürbitte sein, falls ihr von eurem vordergründigen Effizienzdenken einmal lassen könnt. Zumindest reicht er vielleicht zu einer kleinen Nebenmotivation.

3. Monolog oder Dialog?

Du sagtest: Wenn wir Gott um Hilfe bitten, werden sich entsprechende Helfer angesprochen fühlen und zu Hilfe eilen. Können wir es dann nicht beim Gebet zu Gott belassen? Warum sich an Engel oder Heilige wenden?

Es macht doch auch im Alltagsleben einen Unterschied, ob ihr eure Freunde generell wissen lasst: »Ich habe ein offenes Haus, da kann jeder jederzeit vorbeikommen«, oder ob ihr einen Freund aus einem bestimmten Anlass um einen Besuch bittet. Zu einem persönlich Eingeladenen wird sich eine innigere und wirksamere Beziehung einstellen. Vor allem seid ihr viel offener für das, was er euch sagen wird. Habt ihr einen bestimmten Engel oder Heiligen gebeten, wird euch seine Gegenwart bewusster, ihr werdet aufmerksamer auf seine Winke und Weisungen sein. Je offener ihr darauf eingeht, desto besser wird er euch helfen können. Aus dem Monolog kann ein Dialog werden.

Ich habe einmal eine Nonne sagen hören: »Ich bete nun seit über 40 Jahren jeden Tag mehrmals und habe nie eine Antwort bekommen.« Sie wirkte sehr unglücklich und voller Zweifel. Ist das nicht die Erfahrung vieler Menschen?

- *Erstens:* Es ist nicht so, dass der Himmel nicht antwortet. Das Problem ist, dass der Mensch die Antwort sehr oft nicht wahrnimmt. Beten sollte aber nie nur ein Monolog bleiben, es sollte zum Dialog werden.
- *Zweitens:* Um die Antwort wahrzunehmen, ist erforderlich, dass ihr nicht nur auf den Himmel einredet, »Amen« sagt und euch einer anderen Beschäftigung zuwendet, sondern dass ihr dem Dialogpartner Raum gebt, also Pausen macht,

schweigt und die Antwort zu verstehen versucht. Das ist leichter im individuellen Gebet als im Gemeinschaftsgebet, leichter im frei gesprochenen als im vorformulierten Gebet.

- *Drittens:* Die Antwort kann auch in einem äußeren Geschehen liegen, das euch dann überrascht und die Augen öffnet. Nicht selten tritt das Geschehen erst längere Zeit nach dem Gebet ein(s.u. S. 80ff.).
- *Viertens:* Erfolgt die Antwort in Worten, versteift euch nicht zu sehr aufs »Hören« allein. Es ist den meisten Menschen wesentlich leichter, mit den inneren Augen zu sehen als mit den inneren Ohren zu hören. Achtet auf den Gesichtsausdruck des himmlischen Wesens, auf seine Mimik, seine Gestik, die Sprache seiner Augen und seiner Hand, die tröstende oder strenge, ermunternde oder warnende Gesamtatmosphäre seiner Antwort, auf die Empfindungen und Emotionen, die sie in euch auslöst, und entwickelt ein »Klanggefühl« für die Sprache des Himmels.
- *Fünftens:* Das alles geht leichter, wenn ihr euch ein inneres Bild von dem Angesprochenen macht. Wenn ihr mit einem Bekannten telefoniert, vergegenwärtigt ihr euch ja auch ein Bild davon, wie er aussieht, wie er sich zu bewegen pflegt, ob er sitzt oder auf und ab geht usw. Wenn ihr betet, sprecht ihr mit einer lebendigen Person, der ihr Sympathie, Verehrung und Dankbarkeit entgegenbringt. Stellt euch ihr Bild so lebendig wie möglich vor Augen.

Dazu gebe ich euch eine

ÜBUNG:

Angenommen, ihr betet zur Mutter Maria. Versucht, das Bild, das ihr euch von ihr macht, so lebendig werden zu lassen, dass ihr es nachher beschreiben könnt. Sitzt sie oder steht sie? Neigt sie den Kopf? Wie hält sie die Hände? Segnet sie mit ihnen? Oder streicht sie euch übers Haar? Welche Farbe hat ihr Gewand? Welche Falten wirft es? Ist ihr Haar blond oder braun, trägt sie es offen oder bedeckt? Was für ein Duft strömt von ihr aus? Wie blicken euch ihre Augen an? Was sagen sie? Hat sie eine höhere oder tiefere Stimme?

Wie klingt sie – z.B. ernst oder fröhlich, warnend oder zustimmend, mahnend oder ermutigend?

Je plastischer ihr so etwas vor Augen habt, desto klarer werdet ihr die Antwort verstehen. Und je klarer ihr sie versteht, desto sicherer werdet ihr in eurer Gewissheit, dass ihr mit dem Himmel sprecht und dass nicht etwa dunkle Wesen euch etwas vorgaukeln.

Dass diese trotzdem mithören, ist ihre Sache und braucht euch nicht zu interessieren. Wichtig ist nur, dass sie nicht eingreifen können. Das habt ihr gewährleistet, indem ihr euch auf das Gebet vorbereitet habt: Ihr habt euch gereinigt, ihr habt tief durchgeatmet, euch das Bild des »arglosen Kindes« vor Augen gestellt, ein sicheres Grundgefühl aufgesucht, als Erstes den Vater angerufen. So könnt ihr mit dem Himmel in einen ungestörten Dialog treten, und dieser wird euch nicht ohne Antwort lassen.

Zum dialogischen Charakter eures Gesprächs mit dem Himmel gehört auch, dass dieser die Initiative ergreifen kann und ihr reagiert. Ihr sitzt z.B. am Steuer, und ohne *äußeren* Anlass fällt euch plötzlich die Tante Luise ein. Ihr denkt liebevoll zu ihr hin und bittet den Himmel, es möge ihr gut gehen. Einige Tage später ruft sie an und erzählt, wie schlecht es ihr an jenem Tag ging, »aber um die und die Zeit war es mir mit einem Mal viel leichter, ich weiß nicht warum«.

Dann werdet ihr lächeln, ihr solltet aber nichts sagen. Denn sonst fordert ihr Dankbarkeit heraus, und dem wohnt ein Element von Macht und Abhängigkeit inne. Begnügt euch damit, dass ihre Seele die Wirkung eures Gebets zur Kenntnis genommen hat und die Engel und Heiligen den Zusammenhang sehen. Tante Luise wird irgendwann später einmal erfahren, dass ihr sie lieb habt und dass ihr Fürbitte leistet: Der Himmel wird das richten. Ihr selbst aber schweigt – ihr und anderen gegenüber.

Ein andermal werdet ihr plötzlich an jemand denken und das Gefühl haben, den sollte ich mal wieder anrufen. Tut ihr das, wird der euch vielleicht sagen: »Wie gut, dass du dich meldest, ich habe gerade das und das Problem, aber ich habe mich nicht getraut, dich damit zu behelligen.« Nun könnt ihr helfen. Vielleicht kommt euch der andere auch zuvor, und ihr seid erstaunt über seinen Anruf. Dass ihr so intensiv an ihn gedacht habt, hatte seinen Sinn: Es macht euch neugierig auf das, was er euch mitteilt, ihr wendet euch ihm zu und stellt euch ganz auf ihn ein, und das ist, was der Himmel bewirken wollte.

Wenn ihr auf solche Dinge aufmerksam achtet, bekommt ihr mit der Zeit ein feines Gespür dafür, wie sehr ihr inspiriert und geführt werdet, wie sehr ihr also in ständigem Gespräch mit dem Himmel lebt und dieser im Gespräch mit euch. Dass ihr Gebete sprecht, ist nur einer der Faktoren in dieser Kommunikation. Es gehört dazu, ist vielleicht besonders hervorzuheben, ist aber weder das Einzige noch das allein Wesentliche.

Die Zeit des Betens und die Zeit sonstiger Tätigkeiten solltet ihr nicht mehr streng getrennt sehen. Der Dialog mit dem Himmel kann zu jeder Tageszeit und bei jeder Tätigkeit fortgeführt werden. Je bewusster euch wird, wann und wie das geschieht, desto mehr wird der Dialog mit dem Himmel zu einer Grundmelodie, die immer mitschwingt, die euer Leben ständig begleitet, die eure ganze Haltung gegenüber dem Himmel prägt und bestimmt. Ihr betet nicht nur zu festgelegten Zeiten, ihr werdet mit eurem ganzen Wesen mehr und mehr zu betenden Menschen.

4. Antwort im Geschehen

Stellt euch die Antwort nicht unbedingt verbal vor. Der Himmel wird euch nicht etwa sagen: »O.k., machen wir.« Er wird sich auch nicht auf eine Diskussion einlassen und etwa sagen: »Weißt du, das geht aus dem und dem Grunde nicht« oder »das ließe sich zwar machen, aber es wäre nicht gut, wir werden etwas Besseres fügen.« Das ist nicht die Art und Weise, wie der Himmel auf Bittgebete zu antworten pflegt.

Es gibt zwar die Möglichkeit, dass ein Engel, den ihr (eventuell über Alexa) um Rat fragt, sagt: »Lass ab von diesem Wunsch, er ist nicht erfüllbar oder nicht so oder nicht jetzt, oder seine Erfüllung wäre nicht zu eurem Besten, wir raten dir stattdessen dies oder jenes.« Dann liegt es in eurer Freiheit, ob ihr den Rat ernstlich erwägt oder stattdessen mit dem Engel hadert, wie es mitunter geschieht.

Im Bittgebet fragt ihr aber nicht um Rat, sondern fordert den Himmel auf, Bestimmtes zu tun. Doch auch himmlische Wesen haben Anspruch auf Achtung ihrer Freiheit; d.h. ihr habt keinen Anspruch darauf, dass sie sich eurer Bitte fügen. Sie werden vielmehr in einer Weise reagieren, die erstens den realen Möglichkeiten, zweitens eurer Freiheit und der aller mitbetroffenen Menschen und drittens dem aus himmlischer Sicht Passenden und Wünschenswerten Rechnung trägt. Wie sie darüber denken, werden sie euch kaum in Worten mitteilen. Ihr erfahrt es vielmehr, indem ihr beobachtet, was geschieht.

Jedenfalls bittet in der vertrauensvollen Gewissheit: Die himmlischen Wesen – wen immer ihr angerufen habt oder wer sonst »zuständig« ist – werden eure Bitte hören und in angemessener Weise darauf reagieren. Dies zu betonen, ist deshalb so wichtig, weil ihr ohne diese Gewissheit ihre Reaktionen nicht als solche erkennt.

Wird eine Bitte erfüllt, meint ja manch einer: Das wäre auch ohne mein Gebet geschehen. Das ist möglich. Ebensogut ist aber möglich, dass eure Bitte den letzten Ausschlag gegeben hat, das so herzlich Gewünschte herbeizuführen. Wer diese Möglichkeit nicht in Betracht zieht, wird das Wirken des Himmels in keinem Fall bemerken, erst recht nicht, wenn die Bitte unerfüllt bleibt. Er wird das, was tatsächlich geschieht, dem natürlichen Lauf der Dinge zuschreiben. Er meint dann: Die ganze Beterei mache doch keinen Sinn, sie bewirke nichts. Das ist naiv und lebensfremd.

Der Himmel wirkt durch Inspiration und Fügung. So hat vielleicht der, für den ihr gebeten habt – ihr selbst oder ein anderer –, eine plötzliche Idee, einen »Einfall«, der die Situation in einem neuen Licht erscheinen lässt oder einen bisher noch nicht bedachten Ausweg zeigt. Der Himmel sendet den Menschen Anregungen und Hinweise zu, macht Vorschläge, bringt auf neue Gedanken.

Der »Einfall« kann sich auch darin zeigen, dass man den Impuls spürt, Radio oder Fernsehen einzuschalten, wo gerade eine informative Sendung läuft, die weiterhelfen kann. Es kann auch sein, dass jemand ein Buch schenkt oder auf einen Zeitungsartikel hinweist und dass sich dadurch ganz neue Perspektiven eröffnen: Dessen Führungsengel regte ihn dazu an. Oder der Himmel fügt die Begegnung mit einem Menschen, der sich dann als der wirklich passende Lebenspartner erweist.

Natürlich werden die Inspirationen und Fügungen des Himmels den Menschen niemals manipulieren. Der Himmel achtet die Freiheit des Menschen und überlässt es ihm, ob er die Anregung aufgreift und was er daraus macht. Das Wirken des Himmels ist subtil und besteht nur in Angeboten, die ihr annehmen oder ablehnen könnt. Nur solltet ihr sie nicht übersehen!

Ihr könnt sie wahrnehmen, wenn ihr genau genug hinschaut und die Möglichkeit in Betracht zieht, dass das, was geschieht, seinem Wirken zuzuschreiben ist. Der Himmel antwortet auf die Worte eures Gebets mal unmittelbar: er tröstet, ermutigt, stärkt oder warnt, mal aber auch mittelbar, indem er etwas fügt oder inspiriert.

Da Beten kein Monolog, sondern ein Dialog ist, gehört die Antwort dazu. Habt ihr ein Gebet gesprochen, gehört dazu, innezuhalten und auf die Antwort zu lauschen, und wenn sie nicht sogleich spürbar oder vernehmbar ist, zu warten und zu beobachten, was geschieht. Mitunter erfordert das viel Geduld: Der Himmel wird günstige Gelegenheiten für Fügungen und Inspirationen abwarten oder sie erst arrangieren, und das braucht seine Zeit.

Bis dahin vergesst nicht, um was ihr gebeten habt, sondern lasst es in euch nachklingen. Sonst könnt ihr den Zusammenhang zwischen Gebet und späterem Geschehen nicht erkennen. Und bedenkt auch: Manchmal braucht es seine Zeit, bis ihr von dem Geschehen Kenntnis erlangt oder bis euch seine segensreiche Wirkung ganz deutlich geworden ist.

Die Engel und Heiligen wollen auf Erden praktisch wirken. Dazu fehlt ihnen der Körper, sie sind auf euch angewiesen. Umso höher ist ihre Motivation, durch euch zu wirken. Sie sind nicht interessiert daran, zu diskutieren; sie jubeln, wenn ihnen etwas Praktisches gelingt, und sei es nur, dass ihr einen Parkplatz findet. Gelingt etwas nicht, so schauen sie: Wo ist die nächste Möglichkeit, tätig zu werden? Ihr solltet ihr Wirken vor allem im Praktischen erkennen.

Beten ist nichts Intellektuelles, kein theologisches Tun. Es sollte nicht im Kopf stattfinden, sondern im Herzen, dann aber auch mit Händen und Füßen umgesetzt werden. Ihr bittet, dass etwas Praktisches geschieht. Dann tragt doch selbst das euch Mögliche dazu bei! Was ihr erbittet, solltet ihr auch selber tun. Ihr bittet beispielsweise, X zu trösten. Gut, aber geht auch selber hin und versucht ihn zu trösten. Auf dem Weg dahin seht ihr ein trostbedürftiges Kind – geht hin und tröstet es. Oder ihr bittet, Y zu heilen. Könnt ihr nicht auch selbst versuchen, ihm Linderung zu bringen – und ebenso auch anderen Menschen, die dessen bedürfen? Was ihr erbittet, tut selbst bei jeder Gelegenheit.

Je mehr ihr selbst aufs Praktische ausgerichtet seid, desto mehr werdet ihr auch das Wirken des Himmels erkennen und verstehen können. Jede Frage und jede Bitte an den Himmel findet ihre Antwort. Sie wahrzunehmen, ist nur eine Frage der Geduld und der aufmerksamen Wachheit. Macht einmal folgende

Übung:

> Blickt auf euer Leben zurück und fragt euch: Wo hatte ich welche Bitte oder Frage (auch wenn ich sie vielleicht nicht ausdrücklich formuliert habe)? Welches Geschehen oder Nichtgeschehen könnte als Antwort darauf verstanden werden?

Die Antwort kommt oft erst nach vielen Jahren. Es kann auch sein, dass sie sich auf eine Frage aus einem vorigen Leben bezieht und ihr diesen Bezug jetzt nicht auffinden könnt. Dann sollte trotzdem eure Grundhaltung sein: In dem, was geschieht, zeigt sich eine Antwort des Himmels auf etwas, das ihr gefragt oder gebeten habt.

Viele Menschen stellen ständig Fragen, ohne auf Antworten eingestellt zu sein, überhaupt zeigen sie Bedürfnisse, ohne ihre Befriedigung zu erwarten. Sie wollen als Bedürftige leben, denn würden sie befriedigt, träten sie aus der Haltung des bittenden Kindes heraus und könnten eigene Schritte tun. Sie bitten um Schuhe, bekommen sie auch, sagen aber: »Das sind keine Schuhe« oder »sie passen nicht«. So sind sie ständig mit der Abwehr von Antworten beschäftigt.

Der Himmel ist wenig angetan von so genannten »suchenden Menschen«, die ihr Leben lang nicht finden. Größere Freude hat er an denen, die finden, selbst wenn sie – wie die Kinder – gar nicht gesucht haben. Kinder suchen nicht, sie finden immerzu. In der Erziehung solltet ihr nicht das Suchen unterstützen, sondern das Finden loben.

Es heißt zwar: »Wer sucht, der findet« (Mt. 7,8) – aber nur, wenn es ihm ums Finden zu tun ist. Ihr klopft ja auch nicht an, wenn ihr gar nicht wollt, dass euch aufgetan wird, ihr bittet nicht, wenn ihr gar nicht damit rechnet, dass euch gegeben wird. Vertraut zunächst darauf, dass der Himmel auf eure Bitten und Fragen antworten wird – dann werdet ihr die Antwort auch finden.

Achtes Kapitel: Haltungen des Körpers und der Hände

1. Aufrecht

Es ist nicht gleichgültig, ob ihr beim Beten sitzt, steht, kniet oder geht. Was jeweils angemessen ist, hängt von dem jeweiligen Inhalt des Gebets und insofern auch von eurer Situation ab. Die Körperhaltung sollte die jeweilige innere Haltung zum Ausdruck bringen. Dann wirkt sie konzentrierend und verstärkend. In der Messfeier findet ihr eine schöne Mischung, die euch Anhaltspunkte gibt. Ich will nur skizzenhaft einiges Erläuternde dazu sagen.

Ob ihr steht, kniet, sitzt oder auf dem Boden hockt, in jedem Fall gilt: Haltet euch aufrecht! Lehnt euch weder nach hinten an noch stützt euch nach vorn auf. Ihr seid Gotteskinder. Die dieser Würde angemessene Haltung ist der gerade, sich selbst tragende Rücken, der freie Blick nach vorn, beide Füße auf dem Boden.

Aus dieser Haltung heraus könnt ihr dann den Kopf senken oder euch verbeugen – als Zeichen der Demut und Dankbarkeit: »Hier ist ein Aufrechter, der Gott in Ehrfurcht gegenübertritt und der sich gern und freiwillig neigt.« Das Sich-Ducken des Mutlosen, Geschlagenen, Misstrauischen hingegen hat nichts mit Demut zu tun.

Nur der Aufrechte kann demütig sein. Verneigt euch also in Demut und richtet euch danach wieder auf.

2. Stehen

Das Stehen ist die Haltung, die das Aufrechtsein besonders eindrücklich macht. Sie sagt dreierlei aus.

- *Erstens:* »Ich begegne Gott zwar nicht auf gleicher Augenhöhe, aber doch in der Gewissheit, dass er mich als sein Kind, als sein Ebenbild und Gleichnis respektiert. Ich bin ein machtvoller Vertreter des Himmels auf der Erde. Ich bin nicht ersetzbar, nicht wegzudenken, der Vater braucht mich und kann auf mich bauen.«
- *Zweitens:* »Ich will in meinem Leben etwas bewirken und habe ein eigenes Wollen. Damit bin ich in der Lage, meinen Willen auch zurückzustellen, wenn das Gottes Wille ist.« So – und nur so – macht es dann auch Sinn, zu sagen: »Nicht mein, sondern Dein Wille geschehe.«
- *Drittens:* Indem ihr sagt: »Hier stehe ich«, bringt ihr zum Ausdruck: »Dafür stehe ich ein. Davon lasse ich mich nicht abbringen, mögen mich die Menschen auch schlagen oder verhöhnen. Ich stehe da als ein deutlich sichtbares Zeichen für andere: Mein eigenes Leben ist mir weniger wichtig als meine Treue zu Gott. Ich stehe da wie ein Fels in der Brandung, unübersehbar, ein standfestes Gotteskind auf Erden.«

In der Messe pflegt ihr das Glaubensbekenntnis und auch das Vater-unser im Stehen zu sprechen. Ihr seht: das macht Sinn.

3. Knien

Im Knien macht ihr euch etwas kleiner als ihr seid, d.h. ihr verzichtet auf eure Größe. Das setzt erstens voraus, dass ihr euch eurer Größe bewusst seid, zweitens, dass ihr sie freiwillig loslasst. Nur das bewusste und freiwillige Loslassen ist ein Verzicht! Das bloß der Üblichkeit geschuldete Knien ist ein Akt der Anpassung – man will nicht auffallen. Das ist nicht zu tadeln, hat aber für euch und eure Beziehung zum Himmel keinen darüber hinaus weisenden inneren Sinn.

Das Knien bringt zum Ausdruck: »Ich bin mir zwar meiner Leistungen, Erfahrungen und gesellschaftlichen Position bewusst, ich habe Talente und Begabungen, habe Bildung und Wissen erworben, habe das und das in die Wege geleitet, habe etwas geschaffen, habe einen Titel, einen Posten, eine soziale Stellung usw. Aber vor der Größe des Himmels ist das alles klein, ich kann es loslassen, es ist nicht wichtig.«

Das Mindeste, was ein jeder von sich sagen kann, ist: »Ich habe so und so viele Jahre erfolgreich überlebt, obwohl ich am liebsten gleich nach der Geburt zum Himmel zurückgekehrt wäre. Ich habe durchgehalten, es war ein harter Job.« Angesichts der Kälte und Bitternisse dieser Welt kann allein das schon eine Meisterleistung sein. Ein bisschen Größe kann sich also jeder zuschreiben. Also kann ein jeder mit dem Niederknien zum Ausdruck bringen: »Und diese Größe lasse ich jetzt fahren.«

Dazu wird euch helfen, wenn ihr euch das Bild des Sohnes und seiner Passion vor Augen stellt oder auch das Bild der Mutter, die sie miterlebt hat. Dann werdet ihr von allein das Gefühl haben: Angesichts dessen kann man eigentlich nur in die Knie gehen. Es wird euch kein Problem sein, zuzugestehen, wie klein ihr vor der Größe des Himmels seid. Ihr werdet von innen heraus den Impuls haben, niederzuknien und anzubeten.

4. Sitzen

Ruhig zu sitzen, ohne eine äußere Tätigkeit auszuüben, ist eine Herausforderung, die für viele Menschen gar nicht leicht zu bestehen ist. Viele Kinder müssen das in der Schule erst lernen. Wenn ihr ruhig sitzt, geht das Leben um euch herum weiter, ihr lasst es eine Weile geschehen, ohne aktiv einzugreifen und ohne es zu kontrollieren. Ihr setzt eine andere Priorität, nämlich die der ruhigen Zentrierung. Diese bietet die Grundlage für die Wendung nach innen und für die Hinwendung zum Himmel.

Im Sitzen pflegt man auch zu meditieren und zu kontemplieren. Im Meditieren bringt ihr euren Gedankenfluss zum Stehen und konzentriert euch entspannt entweder auf bestimmte gedankliche Inhalte oder auf das Loslassen aller Gedanken. Ihr macht euch innerlich leer und damit aufnahmefähig. Im Kontemplieren übt ihr das ausdauernde Betrachten. Ihr richtet den inneren Blick beispielsweise auf bestimmte Ereignisse im Leben Jesu, oder auch auf kleine Dinge – eine Blume, einen Regentropfen – in der Absicht, im Einzelnen das Allgemeine, im Kleinen das Große, im Alltäglichen das Göttliche wahrzunehmen.

Meditieren und Kontemplieren sind wunderbare Einleitungsübungen für das Beten.

Beten geht aber darüber hinaus: es führt euch in einen Dialog mit dem Himmel. Der Himmel antwortet, sei es, indem er euch inspiriert, sei es, indem er in der Welt tätig wird. Wenn ihr die Antwort nicht wahrnehmt oder nicht beachtet, sondern euch nach eurem »Amen« ohne Pause anderen Dingen zuwendet, dann brecht ihr das Gebet vorzeitig ab, lasst keinen Dialog entstehen. Damit verfehlt ihr das Wichtigste am Beten. Der Dialog verlangt euch freilich viel ab: innere Ruhe, Reinheit des Herzens, Konzentration und Ausdauer. Beten ist Arbeit.

Ihr erleichtert euch diese Arbeit, indem ihr dem Gebet eine Meditation oder Kontemplation vorangehen lasst. Beides hat seinen Sinn in sich selbst, das will ich nicht in Frage stellen. Aber wenn ihr lernen wollt, konzentriert zu beten und euch nicht ablenken zu lassen, dann eignen sich Meditieren oder Kontemplieren vorzüglich zur Einstimmung. Ihr übt damit das ruhige Sitzen und die innere Konzentration bei gleichzeitigem Entspanntsein. Ihr schafft die Atmosphäre, in der ihr leichter kontrollieren könnt, ob ihr wirklich geschützt und reinen Herzens seid. Damit seid ihr auf den Dialog mit dem Himmel bestens vorbereitet.

5. Gehen

Wenn ihr betend geht, stellt ihr einen unmittelbaren Bezug zu Jesus Christus her: Er war immer unterwegs: Er ging in die Inkarnation, sein Lebensweg war eine ständige Wanderschaft, er trug das Kreuz auf Golgatha, und selbst sein Sterben dokumentierte: Ich komme vom Vater und gehe jetzt auf den Vater zu. Die ganze Schöpfung geht – wenn auch auf vielen Umwegen – letztlich auf ihn zu und wird schließlich zu ihm heimkehren. Seine Jünger berief er mit den Worten: »Folge mir nach«, nicht etwa: »Komm, setze dich zu mir«. Selbst noch im Auferstehungsleib erschien er ihnen auf der Wanderschaft nach Emmaus.

Macht ihr euch eine bildhafte Vorstellung vom Vater, so seht ihr ihn in aller Regel sitzend, ebenso die Mutter. Wollt ihr euch ein Bild von Jesus Christus machen, so seht ihr ihn am treffendsten im Bruder, der an eurer Seite schreitet oder euch vorangeht, der euren Lebensweg mit euch geht und der bestrebt ist, euch möglichst auf den rechten Weg, den Heimweg zum Vater, zu geleiten. Indem ihr betend geht, geht ihr stellvertretend für Jesus.

Eine der stimmigsten Übungen, die ihr machen könnt, ist, den Rosenkranz zu beten, und das ist leichter im Gehen als im Sitzen. Dazu braucht ihr nicht in der Natur spazieren, ihr könnt auch in einem Kreuzgang, einer Kirche oder in eurem Wohnzimmer auf und ab gehen.

6. Liegen

Ist einer bettlägerig, so kann sein Körperbewusstsein die angemessene innere Haltung auch in der Vorstellung einnehmen, ohne sie im Äußeren nachzuvollziehen. Als Gesunde solltet ihr euch aber die angemessene äußere Haltung zur Gewohnheit werden lassen.

Etwas anderes gilt natürlich, wenn ihr vor dem Einschlafen betet, für den Tag dankt, noch einmal bedenkt, was ihr Schönes erlebt und getan habt und was nicht so gut war. Wollt ihr dabei liegen, um aus dem Gebet sanft in den Schlaf hinüberzugleiten, so gibt es keine segensreichere Weise, den Tag zu beschließen. Das pflegt ihr ja auch mit euren Kindern und seid es vielleicht von Kindesbeinen an gewohnt. Ihr könnt während des Betens insofern aufrecht bleiben, als ihr nicht gekrümmt auf der Seite liegt, sondern ausgestreckt auf dem Rücken, ehe ihr euch in eure Lieblings-Schlafhaltung rollt. Ansonsten braucht ihr euch keine Gedanken über die angemessene Körperhaltung zu machen.

Es kann aber auch Sinn machen, dass ihr auf einer Wiese, am Meeresstrand oder auf dem Waldboden auf dem Rücken mit ausgebreiteten Armen liegt, zu den Wolken oder den Sternen hinaufblickt und im Bewusstsein eurer Gotteskindschaft dankt oder lobpreist. Ihr begebt euch damit in die Position des Kindes: »Ich bete als kleiner Wicht, schwach, wehrlos, auf liebevolle Zuwendung angewiesen. Die Mutter Erde trägt mich, ich liege in ihrem Schoß, bin ihr völlig hingegeben, habe meine Größe losgelassen.« Dann werden Naturgeister erscheinen, sich freuen und sagen: »du und ich – wir gehören zusammen.«

Etwas anderes ist das Sich-Niederwerfen mit dem Gesicht nach unten, wie es beispielsweise bei der Priesterweihe üblich ist, oder auch am Karfreitag, wenn sich der Priester vor dem abgeräumten Altar niederwirft und in dieser Geste den fassungslosen Schmerz anschaulich werden lässt. Das ist etwas anderes als ein Sich-Kleinmachen, als das Loslassen der eigenen Größe. Es ist vielmehr Ausdruck der Hingabe und der Ergebung, wie sie dem Vater gegenüber angemessen ist. Es liegt darin auch die Erschütterung über die eigene Ferne von Gott, ein tief emotional empfundenes Schuldbekenntnis – mea culpa! –, eventuell auch in Stellvertretung für das Volk.

7. Tanzen

Ihr könnt ein Gebet, beispielsweise das Vater-unser, auch singen und dazu tanzen. Damit betont ihr den Aspekt der Freude. Wenn man sich in der Kirche an den Händen fasst, einen Reigen bildet und sich um den Altar herum bewegt, sieht das der Himmel keineswegs mit Befremden, sondern mit Wohlgefallen. Euer Singen und Tanzen ist ja Ausdruck der Freude darüber, dass die Schöpfung so schön ist und dass ihr in ihr leben dürft. Es ist Lobpreis, aber auch Ausdruck der Dankbarkeit.

Erinnert euch der himmlischen Sophia, der Gottesgefährtin, von der es in der Bibel heißt: Als Gott Himmel und Erde schuf, da war ich, der Erstling seiner Schöpfung, »der Liebling an seiner Seite, war Tag für Tag sein Ergötzen, indem ich die ganze Zeit vor ihm spielte« (Spr. 8,30). Im Tanzen und Singen macht ihr ihre Bewegungsart nach. Stellt euch das Bild vor Augen: Auch jetzt lacht der Vater wieder vor Freude, es ist ihm eine Augenweide, ein Ergötzen.

Einen leichten Anflug von Tanzbewegung könnt ihr euch in der Kirche auch dann gönnen, wenn ihr das Vater-unser im Stehen singt. Ihr wiegt euch ein bisschen hin und her oder beschreibt eine kleine Lemniskate. Das bemerken die Nachbarn gar nicht, es stört niemand und versetzt euch doch in einen leichten tänzerischen Schwung.

8. Nach oben gestreckte Arme

Auch die Haltung der Arme und Hände gibt einer inneren Haltung Ausdruck und bekräftigt sie. In der Kirche orientiert euch am Üblichen, daheim aber solltet ihr die Haltung bewusst wählen.

Nach oben gestreckte Arme symbolisieren das Bestreben, dem Himmel nah zu sein: »Komm, wende Dich mir zu, antworte mir, segne mich, und zwar nicht irgendwann zu gegebener Zeit, sondern jetzt in diesem Augenblick! Ich möchte Dich fassen! Wenn ich noch ein wenig höher greifen könnte, könnte ich Dich, Gott, mit den Händen berühren. Du bist direkt über mir: Ich spüre schon Dein Gewand, ich will Dir so nah sein wie möglich, ich strecke mich nach Dir aus, ich flehe Dich an: sei mir nah!«

Darin kommt etwas sehr Engagiertes, fast schon Beschwörendes zum Ausdruck, sei es aus Verzweiflung, sei es aus überschwänglicher Freude und jubelnder Dankbarkeit. Es gehört zur logischen Konsequenz dieser Armhaltung, dass man dabei aufrecht steht. Die Haltung lässt sich nicht lange durchhalten, nicht nur, weil die Arme müde werden, sondern auch, weil starke Emotionalität aus dem Feuer der Spontaneität gespeist wird. Weicht sie innerer Ruhe, so geht lieber in eine der dazu passenden Haltungen über. In dieser Haltung zu erstarren, ist nicht sinnvoll.

9. Hände als Schalen

Die Hände wie eine Schale vor den Körper zu halten, gibt geduldiger Erwartung Ausdruck: »Ich mache meine Hände leer, um aufnahmebereit für Dich zu werden. Du wirst sie füllen zur rechten Zeit. Was immer jetzt kommen und geschehen mag, ich nehme es vertrauensvoll an. Ich dränge nicht, ich flehe nicht, ich stehe oder sitze hier in aller Ruhe und weiß, Du wirst schon kommen, wenn die Zeit reif ist. Du hast mich schon so reich beschenkt! Ich freue mich über das, was Du mir gewährt hast, und auf das, was Du mir noch gewähren wirst. Ich werde es dankbar empfangen und halte mich bereit.«

10. Hand aufs Herz

Legt ihr die Hand aufs Herz, so weist ihr auf die Innenwelt hin, weil ihr dem Himmel etwas geloben wollt. Ihr sagt damit: »Es ist ein reines Herz, welches das sagt oder denkt, ich meine es ernst und will mein Versprechen auch halten.«

11. Gekreuzte Arme

Die vor der Brust gekreuzten Arme sind ein Zeichen heiliger Demut und deshalb in aller Regel mit einer Verneigung verbunden. Diese Geste ist vor allem dann angebracht, wenn ihr zuvor als jemand aufgetreten seid, der einen mächtigen eigenen Willen und den Himmel aufgefordert hat, ihn darin zu unterstützen – vielleicht mit nach oben ausgestreckten Armen. Die Geste sagt dann so viel wie: »Ich weiß aber: letztlich bin ich doch nur ein Diener Gottes. Ich, der Mächtige auf Erden, neige mich in Demut vor der Herrschaft des Höheren: nicht mein, sondern Dein Wille geschehe.«

12. Hände falten

Hände falten oder sie mit den Innenflächen aneinander legen ist die mystischste aller Handhaltungen. Auch wenn das den meisten nicht bewusst ist, so hat sie doch die Wirkung, den Blick des Betenden nach innen zu wenden.

Das zeigt sich auch darin, dass diese Handhaltung meistens mit einem Senken des Blicks einhergeht. Schultern, Arme und Hände bilden einen Kreis, als würden sie eure Innenwelt umschließen und behüten. In dieser Innenwelt hat Gott Wohnung genommen, auch hier ist er für jeden von euch da und jederzeit gesprächsbereit.

Gott ist auch im Himmel, er ist der erhabene Schöpfer und Weltenlenker, dem man kaum anders als in ehrfürchtiger Scheu gegenüberzutreten wagt. Doch wollt ihr ihn einfach so mit euren Problemchen behelligen? Er könnte euch auch gar nicht selbst und unmittelbar antworten, ohne euch zu zerschmettern.

Bedenkt einmal, was drei Worte aus seinem Mund wie »Es werde Licht« bewirken!

Er hat es aber so eingerichtet, dass ihr die natürliche und angemessene Distanz überbrücken könnt, indem ihr den Zugang zu ihm über eure Innenwelt sucht. Hier macht ihr die Erfahrung, dass ihm alles wichtig ist, was ihr ihm sagen wollt, und dass er als vielleicht strenger, aber doch liebevoll-fürsorglicher Vater darauf eingeht. Ihr seid ja eine kleine Welt in der Welt, ein Mikrokosmos, der im Kleinen wiederholt, was im Großen ist (s.o. S. 28ff.).

Neuntes Kapitel: Varianten des Betens

1. Laut oder still

Ob ihr laut betet oder eure Worte still dem Himmel zudenkt, macht für den Himmel keinen Unterschied, wohl aber für euch. Beides hat seine Vorzüge.

Der Mystiker wird das stille Beten vorziehen. Er macht ohnehin nicht viele Worte: je weniger, desto intensiver das Gebet, am intensivsten im völligen Schweigen. Die emotionale Ebene schwingt höher als die intellektuelle, sie ist bewegender, tragender, stärker.

Das gesprochene Gebet hat für sich, dass es euch leichter in der Konzentration festhält. Die Gedanken driften beim stillen Gebet schneller ab ins Grübeln und Sinnieren; der Anspruch an Disziplin ist entsprechend größer. Natürlich könnt ihr in der Schlange vor der Kasse des Supermarkts nicht anfangen, laut zu beten. Habt ihr Anlass, dem Himmel etwas zu sagen, dann tut es still für euch und haltet das Gebet kurz, damit die Konzentrationskraft reicht.

2. Frei oder in Formeln

Ihr könnt in eigenen Worten bitten, lobpreisen und danken. Es stehen aber auch vorgeprägte Formeln zur Verfügung wie beispielsweise das Vater-unser, das Ave Maria, das Credo, die Psalmen und andere Texte des Stundenbuchs. Beides hat seine Vorzüge.

Wählt ihr eigene Worte, so bekräftigt ihr damit die ganz individuelle, persönliche Beziehung zwischen euch und dem Himmel. Ihr sagt dann z.B. nicht »Unser Vater«, obwohl er der Vater aller ist, sondern »mein Vater« und tretet damit in die Ich-Du-Beziehung: »Ich, als Dein Kind, habe Dir heute das und das zu sagen.« Ihr wisst euch von ihm geliebt und angenommen: Er blickt euch an, versteht euch, wird auf euch eingehen, ihr seid ihm wichtig, er nimmt euch ernst, ihr dürft ihm anvertrauen, was euch belastet und was niemand sonst auf der Welt etwas angeht: »Du, mein Vater.« Habt ihr sehr konkrete Bitten, so bedürft ihr einer freien Formulierung.

Ansonsten macht es aber auch Sinn, die vorgeprägten Formeln zu wählen. Damit schließt ihr euch ein in die Gemeinschaft all derer, die in Jahrtausenden dieses Gebet gesprochen haben und die es gerade jetzt sprechen: in Amerika, Afrika, Australien oder anderswo auf der Welt. Ihr versteht euch als ein Glied dieser großen Gemeinschaft in Zeit und Raum. Den oft gebrauchten Formeln wohnt eine starke, zusätzliche Wirkungskraft inne. Ihre Schwingung trägt euch mit, und zugleich strahlt ihr sie bekräftigend und bestätigend nach außen in die Welt hinein.

3. Allein oder in Gemeinschaft

Diese Kraft wird noch stärker, wenn mehrere in einem Raum gemeinschaftlich diese Formeln beten, sei es in einer Kirche, sei es in einem anderen Versammlungsraum. Das erfüllt den Raum mit einem Licht, das jeden Einzelnen erfasst und durchdringt.

Wenn ihr allein betet, dann kann sich mitunter ein Gefühl des Zweifels oder der Verlassenheit einstellen: »Ich weiß nicht so recht, was ich hier tue und ob das Sinn macht, ich fühle mich etwas verloren.« Davor solltet ihr euch hüten, denn das nutzen die dunklen Hierarchien: »Ja, du bist isoliert, du bist allein, du wirst nicht gebraucht, du bist unwichtig, niemand legt Wert auf dich« … usw.

Sollte euch ein solches Gefühl überkommen, dann rate ich: Holt euch in der Vorstellung eine Gruppe von Mitbetenden in den Raum. Bittet Freunde und Verstorbene, Engel und Heilige: »Seid so lieb, füllt den Raum und betet mit mir gemeinsam. Ich bete vor, ihr sprecht mit mir.«

Gelingt euch das nicht, dann geht hinaus in die Natur: Dort habt ihr die Gemeinschaft der Tiere und Pflanzen und der Naturgeister. Ihr solltet dort ganz real empfinden: sie beten mit. Es ist tatsächlich so, die ganze Natur freut sich, wenn ihr betet, und stimmt mit ein. Alle Kreatur, die ganze Schöpfung, selbst jede Zelle hat ihren Klang, sie singt, sie atmet, sie lebt, sie betet ein ständiges Gebet des Dankes und des Lobpreis. Vielleicht sind manche alt und krank oder bedroht und beten um Erlösung: »Lass es doch jetzt gut sein und zu Ende gehen.« Auch das ist Gebet. Ihr betet jedenfalls in der Natur nie allein, sondern immer in Gemeinschaft.

Wenn euch auch das nicht gelingt, gibt es noch eine Möglichkeit, die euch zunächst erstaunen mag. Begebt euch an einen Ort, wo sich Menschenmengen befinden. Ihr werdet jetzt denken: »Da fühle ich mich noch einsamer und verlassener, denn mit all diesen Menschen verbindet mich nichts, sie sind mir fremd. Sie hasten mit Einkaufstüten durch die Straße, sehen unglücklich aus, schauen grimmig drein, haben ein Handy am Ohr, haben keine Zeit und keinerlei Interesse an mir. Ihre Anwesenheit macht mich eher depressiv.«

Dann setzt euch mal mitten unter sie an einen Brunnen oder in ein Café oder auf eine Parkbank, atmet blaues Licht ein und umhüllt euch damit, und jetzt schaut die Menschen an und erinnert euch: In den Innenräumen jedes Einzelnen wohnen der Vater, der Sohn, die Mutter und zahlreiche Engel. Ihr habt also etwas Wesentliches mit ihnen gemeinsam, sie sind eure Geschwister. Betet für sie oder ruft dankend und lobpreisend den Himmel an und bittet die Wesen ihrer Innenwelt, in euer Gebet einzustimmen.

Jetzt lebt ihr in dem Gefühl: »Ich gehöre zu ihnen und sie zu mir. Ich bin in dieser Menschenmenge nicht verloren, sondern in ihr aufgehoben, wir sind alle miteinander Kinder Gottes.«

Dann werdet ihr eine überraschende Erfahrung machen: Eure Zuwendung wird euch in eurer Ausstrahlung verändern. Ob ihr wollt oder nicht: der eine oder andere aus dieser Menschenmenge wird zu euch Kontakt aufnehmen, es wird sich so fügen. Da ihr nämlich begonnen habt, diese Menschen zu lieben, spüren sie das, es wird sie anziehen. Sie wissen vielleicht nicht warum, aber sie lächeln zurück und werden vielleicht fragen, ob sie sich zu euch setzen dürfen, sie beginnen ein Gespräch, suchen den Kontakt mit euch, und ihr könnt gar nichts dagegen tun, außer wieder in eure Einsamkeit zu verfallen.

4. Beten bei der Arbeit

Wenn ihr betet, solltet ihr euch darauf konzentrieren und die Gedanken nicht gleichzeitig woanders haben. Das heißt aber nicht umgekehrt, dass ihr beim Arbeiten nicht beten dürftet. In jeder Lebenssituation, freudvoll oder leidvoll, bei jeder Tätigkeit dürft, ja solltet ihr euer Herz dem Himmel zuwenden und den Dialog mit ihm suchen.

- *Erstens:* Aus der russisch-orthodoxen Tradition kennt ihr das ewige Herzensgebet, das den ganzen Tag lang unablässig wiederholt wird: »Herr Jesus Christus, Sohn Gottes, erbarme Dich meiner.« Man betet es ständig in den Tiefenschichten des Herzens und im Rhythmus des Herzschlags, und das bedeutet: Der Kopf kann sich voll und ganz der jeweiligen Arbeit zuwenden.
- *Zweitens:* Nicht ganz dasselbe, aber eher für euch machbar ist das Beten bei routinemäßigen Tätigkeiten wie Autofahren, Umrühren, Kartoffelschälen oder anderen Hausarbeiten. Könnt ihr dabei Radio hören, ohne die Aufmerksamkeit und Sorgfalt zu beeinträchtigen, dann könnt ihr dabei auch beten.

  Angenommen, ihr sitzt am Steuer und fürchtet, ihr kommt nicht rechtzeitig zum Flughafen, weil euch andere Verkehrsteilnehmer ständig behindern. Ihr merkt, dass ihr ärgerlich werdet. Eigentlich seid ihr aber doch ein freundlicher Mensch. Also gebt euch den Befehl, guter Stimmung zu bleiben und betet: »Vater im Himmel, gib mir Geduld!« Ihr könnt ja auch gar nicht wissen, ob vielleicht eine Verspätung besser für euch wäre, vielleicht haben Führungsengel ihre Hände im Spiel. Manch einem hat so etwas schon das Leben gerettet.

  Verfallt nicht in den Fehler, Fürbitte für »den Trottel und unverschämten Kerl«, der euer Tempo bremst, leisten zu wollen; denn das wäre ein Schimpfen oder Fluchen, das die dunklen Mächte gern für ihre Zwecke nutzen werden. Fürbitten könnt ihr nur, wenn ihr innerlich ganz ruhig und reinen Herzens seid und auf den anderen so liebevoll blickt wie ein Schutzengel. Aber betet in solchen Situationen für euch selbst: der Himmel möge euch helfen, Souveränität und Zentrierung zu bewahren.

- *Drittens:* Angenommen, ihr seid in einer Arbeit begriffen, die eure uneingeschränkte Präsenz verlangt, etwa in einer geschäftlichen Besprechung, und euer Gesprächspartner macht euch wütend. Jetzt wäre ein Gebet um Ruhe und Sachlichkeit hilfreich, erscheint aber nicht möglich. Doch: es ist möglich, wenn ihr eine kleine Auszeit nehmt und euch kurz auf die Toilette begebt oder ins Freie oder auf den Treppenabsatz. Atmet einmal tief durch, sprecht eine Zeile aus dem Vater-unser, atmet noch einmal tief durch und kehrt wieder zurück.
  Das Ganze dauert keine Minute, bewirkt aber, dass ihr innere Ruhe und einen klaren Kopf wiedergewinnt und vielleicht einen folgenschweren Fehler vermeidet. Der kurze Kontakt mit der Ewigkeit genügt, um die zeitlichen Dinge wieder in die richtige Perspektive zu rücken.
- *Viertens:* Auch während der Arbeit bieten sich euch Gelegenheiten, zu bitten, zu lobpreisen, zu danken. Diese braucht ihr nur zu nutzen. Während ihr beispielsweise telefoniert, bittet ihr für euren Gesprächspartner. Damit entzieht ihr ihm nichts von eurer Aufmerksamkeit und Konzentration, habt euch aber von negativen Gefühlen und Gedanken, von Misstrauen, Unterstellungen usw. frei gemacht.
- *Fünftens:* Den Idealzustand erreicht ihr, wenn ihr eure Arbeit in Kommunikation mit dem Himmel tut.
  Ihr kennt die benediktinische Regel: ora et labora – bete und arbeite, d.h. teile deinen Tag ein in Zeiten des Betens und Zeiten des Arbeitens. Eine Steigerungsstufe würde lauten: ora in labore – bete in der Arbeit, während du arbeitest. Eine dritte Steigerungsstufe: laborare est orare – arbeiten ist beten: all eure Arbeit ist geradezu eine Form des Gebets. Beten ist Arbeit, aber Arbeit ist auch Beten, wenn sie im Einklang mit dem Himmel und frei von dunklen Einflüssen geschieht.

– *Sechstens:* Oft macht euch die Arbeit auch Freude, besonders, wenn etwas gelungen ist. Nutzt die Gelegenheiten und preist den Herrn! Was aber betet ihr, wenn etwas schief gegangen ist?
  Jetzt sage ich etwas, das euch verblüffen wird: Dann betet ihr: »Vater, ich danke dir.« Warum das? Nun, es gibt zwei Möglichkeiten: Entweder hat der Himmel nicht fügen wollen, dass es gelingt. Dann hatte das gute Gründe, die ihr nicht gekannt oder bedacht hattet. Oder es scheiterte, weil die andere Seite nicht wollte, dass es glückt: die dunklen Mächte haben es verpatzt. Dann bedeutet der Dank eine Einladung an die Engel, etwas Sinnvolles daraus werden zu lassen. Statt euch zu ärgern, stellt ihr euch durch den Dank bewusst auf die lichte Seite und habt mehr gewonnen als verloren.

5. Beten in der Natur

Begebt ihr euch in die freie Natur, so erfrischt euch das nicht nur körperlich, es kann euch auch seelisch neu beleben und dem Dialog mit dem Himmel öffnen. Das gilt nicht nur, wenn ihr wandert oder spazieren geht, sondern auch, wenn ihr im Garten arbeitet oder auf einer Parkbank oder einer Wiese sitzt. Die Bäume, die Vögel, die Gräser, die Käfer erschließen dem, der sich betend dem Vater zuwendet, den Blick auf die Schönheit, die seine Schöpfung trotz aller Verletzungen bewahrt hat. Er sieht sie mit Bewunderung.

Er sieht sich auch selbst als Teil der Natur, weiß sich ihr in Brüderlichkeit verbunden, fühlt sich durch sie getröstet. Das Herz geht ihm auf, er vermag, tief durchzuatmen, sich von den dunklen Einflüssen des Alltags zu lösen und reinen Herzens zu werden.

Wendet er sich dem Vater zu, so in einer Stimmung aus Freude, Dankbarkeit und Zuversicht, wie sie der 23. Psalm so schön ausdrückt: »Er führt mich an Wasser der Ruhe, Erquickung spendet er meiner Seele … Und muss ich auch wandern im finsteren Tal, ich fürchte kein Unheil, denn Du bist bei mir.«

Das ist natürlich ein Ideal. Ihr könnt während des Spazierganges auch Gedankenmühlen drehen, kämpferische Pläne entwickeln, euch Rechtfertigungen zurechtlegen usw. Ob ihr stattdessen betet, ist eine Frage der Disziplin: die bleibt euch nicht erspart. Auch das Beten im Gotteshaus der Natur ist Arbeit – mag sie manchem auch leichter fallen als in der Kirchenbank oder im häuslichen Sessel.

Eine schöne, disziplinierende Übung besteht darin, aus dem täglichen Spazierweg einen Kreuzweg zu machen; bei diesem Baum: erste Station der Passion, bei jener Kurve: zweite Station und so fort. Allen 14 Stationen weist ihr einen Ort zu. Dann könnt ihr jedes Mal, wenn ihr wieder an ihnen vorbeikommt, ein Kreuzzeichen machen, zumindest in Gedanken, und etwas Passendes beten. Ihr wiederholt damit, was die Mutter am Tag nach der Kreuzigung getan hat.[21] Ihr betet damit die Urform des Rosenkranzes.

Eine andere Variante des Betens in der Natur ist: Ihr geht zu einem Ort, den ihr besonders liebt, setzt euch dort nieder und betet. Es genügt, dass ihr dem Vater sagt: »Dank für die Schönheit Deiner Schöpfung« oder »Dank für diesen schönen Moment«. Wenn ihr dort regelmäßig betet, lasst ihr an diesem Ort eine unsichtbare Kirche entstehen: sie ist dann tatsächlich da. Es gibt Menschen, die das auch spüren und sagen werden: hier ist ein besonderer, kräftigender, heiliger Ort. Ihr könnt auch einen Platz wählen, wo schon andere vor euch gebetet und eine solche Kirche gebaut haben. Die erfüllt ihr dann mit neuer Lebendigkeit.

Die Naturgeister und mit ihnen die Tiere und Pflanzen bemerken sehr wohl einen solchen Kirchenbau. Er ist für sie eine große Freude, sie werden ein Fest dort feiern. Aber betet dort nicht nur an warmen Sommertagen, sondern bei jedem Wind und Wetter ohne Rücksicht auf Umstände, Lust und Wohlgefühl. Versprecht das den Naturgeistern und haltet es getreulich. Dann werdet ihr in den Kreis ihrer Verehrten und Freunde aufgenommen. Seid ihr nur »Gelegenheitsbeter«, reagieren sie enttäuscht und resigniert.

21 Alexa Kriele: *Mit den Engeln das Leben meistern.* Kailash 2003, S. 189ff.

6. Beten mit der Natur

Der Hohelehrer: Ich möchte noch ein Wort hinzufügen. Als Betende gehört ihr zu der Gemeinschaft all derer, die weltweit reinen Herzens beten, über die Jahrtausende hin gebetet haben und in Zukunft beten werden, und diese Gemeinschaft wird keineswegs schwinden, sondern immer weiter wachsen. Mehr noch: Ihr befindet euch in Gemeinschaft mit der gesamten Welt des Himmels, ja der gesamten Natur in allen Galaxien. Auf der Erde wurde gebetet, ehe der Mensch auf ihr erschien, und es würde weiter gebetet werden, wenn der Mensch von der Erde verschwände. Betet also in der ruhigen Gewissheit, dass ihr keine kuriosen Sonderlinge seid, sondern von einer großen Gemeinschaft getragen werdet.

Das Beten des Menschen unterscheidet sich zwar von dem der Natur: Es ist ein aktives Tun, nämlich Teil der Erlösungsarbeit, die eines fernen Tages – wenn alles gut geht nach etwa fünf bis sieben Milliarden Jahren – die ganze Schöpfung soweit gebracht haben wird, dass der Vater sie wieder einatmen kann. Wenn die übrige Natur betet, ist das anders: Es ist Ausdruck erstens eines dankenden Erinnerns, zweitens einer hoffenden Zuversicht. Doch auch das ist eine Art und Weise des Betens, die ihr als solche ernst nehmen solltet. Es ist sogar sehr wichtig, dass ihr lernt, euch in diese Grundstimmung einzufühlen, ja in sie »einzuklinken«, weil das eurer aktiven Gebetsarbeit Durchhaltekraft verleihen wird.

Der Ursprung allen betenden Seins war das Selbstgespräch Gottes vor der Schöpfung. Er betrachtete seine Innenwelt träumerisch und mit fröhlicher, dankbarer Zustimmung, mit entzücktem Staunen über die Vollkommenheit, Schönheit und Größe seines Seins. Er beschloss, Teile davon aus sich herauszusetzen, um ein Gegenüber zu haben, mit dem er in Gemeinschaft leben kann. Er entwarf mögliche Szenarien und spielte sie gedanklich durch: die Keimzelle des philosophischen Sinnierens.

Beten ist eine heilige Widerspiegelung der göttlichen Selbstbetrachtung: Ihr könnt Gott anrufen und preisen, weil ihr als sein Ebenbild und Gleichnis geschaffen seid, als Facetten seines inneren Seins. Ihr könnt ihn ebenso lieben und bewundern wie er selbst. Der Schöpfungsakt machte es möglich, dass an die Stelle des Selbstgesprächs Gottes das Gespräch zwischen Geschöpf und Schöpfer treten konnte.

Die Personen der Trinitiät – die Erstlinge seiner Schöpfung – sind in ständigem Lobpreis des Vaters begriffen. Der Lobpreis des Sohnes gilt vor allem Weisheit, Tatkraft, Entschlossenheit, Gerechtigkeit und Mut des Vaters, der Lobpreis der Mutter seiner Zärtlichkeit, Güte, Geduld, Barmherzigkeit und Großmut, der Lobpreis des Heiligen Geistes – der rúach, der Tochter – seiner Freigebigkeit und Hingabe, dem überströmenden Schenken, der Fülle an Gnade, Segen, Reichtum und Wunder.

Auch das Beten der Engel ist größtenteils Lobpreis Gottes, ihres Herrn, Schöpfers und Königs (sie sagen nicht »Vater«, denn sie sind als Boten geschaffen, nicht wie ihr als Kinder Gottes). Sie betrachten je nach ihrer Hierarchie verschiedene Aspekte Gottes und lobpreisen sie mit liebender, staunender Bewunderung. Manchmal ergänzen sie den Lobpreis auch durch Fürbitten.

Die gefallenen Engel beten nicht, pflegen aber Karikaturen des Betens in Vorwurf, Ärger, Groll, Verwünschung, Abtun, Niedermachen. Ihre Anführer tun das auf intelligentere Art: durch Hohn, Spott und Verachtung, die unteren in dunkler Wut, doch alle, indem sie ständig gebetsmühlenartig vor sich hin brummeln.

Ihr Fall führte, wie ihr wisst, zum Fall eines Teils der Schöpfung in die Materie und damit zu den nicht paradiesischen Gegebenheiten: Im Paradies fraß zum Beispiel kein Tier das andere, vielmehr lebten ihre Urbilder in friedlicher Eintracht. Doch trotz aller Verletzungen der Schöpfung überwiegt in ihr das Schöne und Bewundernswerte bei weitem. Das behalten die Personen der Trinität und die Hierarchien der Engel im Blick; sie lobpreisen Gott nach wie vor. Die Schöpfung ist zwar verletzt, aber nicht zerstört. Eure Aufgabe ist, an ihrer Heilung und schlussendlichen Heimführung in die Ewigkeit mitzuarbeiten.

Die materialisierte Schöpfung ist von Geist durchwebt: Die Sonne scheint, der Wind weht, die Blumen blühen, die Tiere tun etwas. Das Beten der Natur hat aber nicht – wie das eure – den Charakter der tätigen Arbeit, sondern ist Ausdruck einer Grundhaltung des Erinnerns und Hoffens.

Übung:

Begebt euch einmal hinaus an einen Ort, wo ihr nichts hört außer den Geräuschen der Natur: das Plätschern des Wassers, den Gesang der Vögel, das Summen der Bienen. Schaut ihrem Spiel oder dem Sonneaufgang oder -untergang zu, werdet innerlich ganz still. Ihr werdet spüren: Hier ist ein Ort, wo ohne euer Zutun gebetet wird. Es wird nichts gefordert, alles ist bedingungslos angenommen: ohne Vorwurf, ohne Anklage. Versucht einmal die Atmosphäre zu erfühlen, die hier waltet.

Ihr werdet zweierlei wahrnehmen:

- *Erstens:* ein träumerisches Erinnern an das Paradies. Alle Natur weiß um ihre Geschöpflichkeit. Jeder Baum weiß: Da war einmal ein Schöpfer, der schuf einen Baum, nach dessen Bild ich da bin. Die Natur ist eingewoben in ihre Urbilder, in das geheimnisvolle »Es war einmal ...«.
- *Zweitens* weiß die Natur aber auch: So wie es im Paradies einmal war, so wird es dereinst wieder sein. Sie lebt in einem stillen Harren und Hoffen.

Dieses doppelte Lebensgefühl des Erinnerns und Hoffens prägt das Beten der Natur. Es ermöglicht ihr den unendlichen Großmut und die Geduld, mit der sie über all die Verletzungen hinwegsieht, die ihr durch Irrungen, Wirrungen und Unverschämtheiten zugefügt werden.

Die Menschen meinen oft: Die Natur lebt ganz in ihrer jeweiligen Gegenwart, sie kann nicht über das Jetzt hinausdenken, zum Beispiel kaum planen oder Erfahrungen verarbeiten. Das gilt für die nahe Vergangenheit und Zukunft des einzelnen Wesens. Aber in Wirklichkeit atmet die Natur in der großen Vergangenheit und Zukunft, im Erinnern und Hoffen. Deshalb kann sie die Gegenwart ertragen: Sie wird überstanden werden. Wenn ihr das nacherleben und miterleben könnt, wird euch das eine große Hilfe sein. Als Menschen habt ihr die Gegenwart zu gestalten. Das wird euch besser gelingen, wenn auch ihr die Größe bekommt, diesen weiten Bogen zu spannen und deshalb

Dankbarkeit und Zuversicht zu bewahren. Macht einmal folgende

Übung:

Begebt euch in die Natur, nehmt ein kleines Wesen in die Hand, vielleicht ein Marienkäferchen oder Gänseblümchen, schaut es an und versucht nachzuempfinden, wie es betet. Dann betrachtet etwas Größeres: einen Baum, eine Kuh, einen Berg oder See, schaut es an und lauscht auf sein Beten. Dann blickt hinauf zu den Wolken, zu Sonne, Mond oder Sternenhimmel und spürt, wie alles betet: Es »tönt nach alter Weise« in allen Höhen und Lautstärken, in allen Sphären rund um den Erdball und in allen Galaxien. Es ist ein Klang wie der eines riesigen Kirchenchores. Wie es der Dichter sagt:

Schläft ein Lied in allen Dingen
die da träumen fort und fort,
und die Welt hebt an zu singen,
triffst du nur das Zauberwort. (Eichendorff)

Wollt ihr die einzigen sein, die schweigen? Manche Menschen meinen: Wer betet, passe nicht in die moderne Welt. Andere beten zwar, wollen aber vermeiden, dass jemand davon erfährt. Sie fürchten, als rückständig zu gelten und einer Minderheit anzugehören. Sie sollten sich davon nicht einschüchtern lassen. Moden kommen und gehen. Die modernen »Denker« und sogenannten »Theologen«, die das Beten für überflüssig halten und psychologisch erklären wollen, sind ziemlich einsam – nicht unter Menschen, aber im Ganzen der Erde und des Kosmos.

Die Natur betet nicht wie ihr in Form der Sprache. Eure Sprachfähigkeit ist eine Widerspiegelung der Fähigkeit Gottes zum Wort: Die hat er euch Menschen und den Engeln mitgegeben. Es gibt auch Naturgeister, die euch das Empfinden der Natur in Sprache zu übersetzen vermögen. Die Natur betet aber im Gefühl, in Melodie, Bewegung und Klang.

Ihr könnt lernen, die Befindlichkeit zum Beispiel eines betenden Baumes nachzuempfinden: Wie fühlt sie sich an? Ihr spürt das »Es war einmal ...« oder »Es geschah aber zu der Zeit ...«, den Rückblick in die Zeit vor Milliarden von Jahren, als der Fall noch nicht war, die vage Erinnerung in lächelndem Heimweh: Wie golden, wie schön war es damals! Und ihr spürt, wie es sich anfühlt, wenn der Baum in die Ferne des künftig Kommenden blickt: Alles wird wieder gut werden.

Ihr könnt in diese Strömung des Betens der Natur eintauchen und sie euch bewusst machen, indem ihr gemeinsam mit der Natur betet. Macht einmal folgende

Übung:

Macht zunächst eine Bewegung nach links – mit den Händen, mit einer Drehung des Kopfes, einem Schritt und sagt dazu: »Es war einmal ...«. Dann wendet euch ebenso nach rechts: »Es wird sein ...«. Dazu sprecht: »Einstmals vergeht nicht« und »Dereinst ist immer.« Dann macht eine Bewegung, die die Gegenwart umfasst, wiegt und umschreitet, die alles in den großen Zusammenhang von Einst und Dereinst aufnimmt.

Das »Heute« ist keine Größe, die die Natur hoch bewertet: Was jetzt an Verletzungen da ist, ist durch den Ablauf der Zeit relativiert. Für euch kommt es zwar auf das an, was ihr in der Gegenwart tut und euch für die nahe Zukunft vornehmt. Aber das wird euch besser gelingen, wenn ihr im Einklang mit der Natur betet und euch ihre Gelassenheit und Geduld zu Eigen macht.

7. Beten mit Kindern

Jerach: Mit Kindern zu beten, gibt ihren Seelen eine tägliche Nahrung, die sie für ihr ganzes Leben kräftigt, auch wenn das Kind noch nicht sprechen und verstehen kann. Selbst die werdende Mutter sollte schon mit dem Kind beten. Sie hat ja Anlass genug für Lobpreis, Dank und Bitten.

Erst recht gibt die Geburt Anlass dazu: Jede Geburt ist ein wenig Weihnachten. Erinnert euch der Krippenszene: nicht nur Maria und Josef beteten, auch die Engel und die Hirten, ja die

Tiere, die Pflanzen, die Sterne, die Dinge beteten zum Kindlein. Wo immer ein Kind geboren wird, will es etwas vom Himmel auf die Erde bringen. Was wird es sein? Und wird es gelingen? Alles ist neugierig, gespannt, voll freudiger Erwartung und betet.

Das Kleinkind umhüllt ihr mit Gebeten wie mit einer warmen, flauschigen Decke. Seine Seele ist wach, auch wenn das Kind schläft, und die in seinen Innenräumen wohnenden Wesen sind aufnahmebereit und dankbar. Ihr unterstützt die lichten Kräfte in und um das Kind, und bedenkt es mit der Erfahrung, als ein königliches, göttliches Geschöpf gewürdigt zu sein.

Hat das Kind sprechen gelernt, legt eure Hände um die seinen und lasst es mitsprechen. Es sollten nicht unbedingt typische Kindergebete sein, wenn ihr aber unbedingt wollt, so achtet darauf, dass sie keine abwegigen oder gar albernen Inhalte haben. Das Kind ist nicht kindisch, sondern eine alte, kluge und erfahrene Seele. Unterschätzt sie nicht, sie erhebt Anspruch auf Qualität, Weisheit und Wirksamkeit. Das Gebet sollte Dank, Bitte und Lobpreis ausdrücken. Ihr solltet es mit einem Kreuzzeichen und einem Kuss auf die Stirn beschließen und das Kind bitten, beides zu erwidern.

Ihr könnt mit ihm durchaus schon das Vater-unser beten. Denkt nicht, das sei nicht kindgerecht; es ist nie zu früh dafür. Später wird der Erwachsene auf das frühkindliche Vater-unser-Beten zurückblicken. Er begegnet darin der lebenslangen Kontinuität, wie sie dem Wesen des Vaters entspricht: dem Unverbrüchlichen, Zuverlässigen, Beständigen.

Wird das Kind älter, so sollte es das Gebet selbständig sprechen, oder ihr wechselt euch ab: mal spricht es das Kind, mal Vater oder Mutter oder beide. Ihr könnt es auch singen und sogar tänzerische Bewegungen dazu machen.

In der Pubertät gehen die Kinder in Opposition zu den Eltern und oft auch zu ihrer religiösen Erziehung. Lasst die Versuche, es zum Beten anzuhalten – es sucht jetzt seinen eigenen Weg –, und vermeidet, dass die Wiederaufnahme des Betens Gesichtsverlust bedeuten würde. Es ist wichtig, dass der Mensch aus ganz freier, eigenständiger Entscheidung zu seinen religiösen Wurzeln findet. Meist geschieht das, wenn der erwachsen Gewordene selbst Vater oder Mutter wird. Dann steht er vor einem überwältigenden Anlass, selbst wieder zu beten. So schließt sich der Kreis.

8. Beten im Jahreskreis

Die Jahreszeiten machen natürlich keinen Unterschied für euer tägliches Gebet, wohl aber der Jahreskreis der Feier- und Gedenktage. Ihr solltet jeden Anlass zu einem feierlichen Ritual nutzen. Feiern gehört zum Beten wie Beten zum Feiern. Wenn ihr feiert, räumt ihr den lichten Wesen mehr Raum ein und den dunklen entsprechend weniger. Dunkle Wesen feiern nicht, sie kennen nur Karikaturen dessen. Was sie anstreben, ist, dass eure Feste ausarten in Grölen und Johlen, in Besäufnis, Zügellosigkeit und Aggressionen.

Zum Feiern gehört erstens Fröhlichkeit, zweitens Spontaneität und drittens Bescheidenheit. Wenn ihr feiert, gebt ihr dem Schönen, der Freude, den lichten Kräften zusätzliche Wirkkraft. Ihr durchbrecht den so genannten »grauen Alltag«, werdet stärker im Umgang mit Ängsten, Sorgen, Ärger, werdet zu freudigen Menschen.

An Feiertagen variiert eure tägliche Gebetsarbeit. Fangt damit an, dass ihr euch beispielsweise schöner anzieht, Blumen aufstellt, Kerzen entzündet, Weihrauch verströmen lasst. Wählt einen Psalm oder Liedertext, den ihr besonders liebt und der zum Anlass passt. Lasst das Ritual ein wenig herausgehoben sein, genießt es, gedenkt des Anlasses in inniger Zuwendung. Und lasst keine Gelegenheit aus!

- *Erstens:* Vor allem solltet ihr die Hochfeste des Kirchenjahres mitfeiern. Sie werden auch im Himmel mitgefeiert, ihr braucht euch bloß einzuklinken. Ob der Gedenktag auch wirklich dem historischen Datum entspricht, braucht euch nicht zu interessieren. Darauf kommt es nicht an, sondern darauf, dass ihr euch in die Gemeinschaft mit dem Himmel und den mitbetenden Menschen eingliedert. Lasst euch von ihrer Stimmung mittragen, z.B. von der Ergriffenheit der Weihnachtsnacht, der Trauer des Karfreitages, dem Jubel des Auferstehungsfestes, der Zärtlichkeit der Marienfeste.

Bedenkt auch, dass die Monate Mai und Oktober nicht nur dem Vater und dem Sohn, sondern in herausgehobenem Maße auch der Mutter gewidmet sind. Ohne die Mutter gelangt ihr nicht zum Sohn und ohne ihn nicht zum Vater. Ihr solltet also die Mutter nicht einfach beiseite schieben und die ihr gewidmeten Gedenktage nicht überspringen. Feiert aber auch die Gedenktage der Heiligen, die euch nahe stehen, in erster Linie den Tag eures Namenspatrons.

– *Zweitens:* Nutzt die Erinnerungsdaten eures bisher gelebten Lebens, um Jahr für Jahr wieder das Gute und Schöne zu feiern, das euch geschenkt worden ist: den Geburtstag, den Tag eurer ersten Begegnung mit dem geliebten Menschen, den Verlobungstag, den Hochzeitstag, den Tag, an dem ihr vielleicht knapp einer Lebensgefahr entronnen seid und Ähnliches, ebenso die Gedenktage eurer Angehörigen.
– *Drittens:* Ihr könnt euren Kalender mit weiteren Feiertagen anreichern, indem ihr einfach festlegt: An diesem Tag will ich der Hochzeit von Kana gedenken, an jenem der Bergpredigt und so fort. Macht euch unabhängig davon, ob es eine historische oder kirchliche Festlegung gibt. Indem ihr so das Leben Jesu in euer Leben hineinwebt, schafft ihr eine Realität.

  Tragt die Feiertage mit herausgehobener Farbe – wenn möglich mit Gold – in eure Kalender ein. Je mehr ihr den Kalender mit Festtagen angefüllt habt, desto fröhlicher und dankbarer wird die Grundstimmung eures Lebens werden.
– *Viertens:* Habt ihr auf diese Weise die Zeiträume des Jahres durchlichtet, dann tut das Entsprechende auch mit den örtlichen Räumen. Wo ihr eure Gebetsarbeit leistet, erfüllt ihr den Raum mit Licht. Deshalb leistet sie dann und wann auch in den anderen Räumen eurer Wohnung. Dann werdet ihr euch dort wohler fühlen als zuvor. Denn die lichten Kräfte prägen den Raum und überlagern das Grau aus Kummer oder Sorgen, das dort »in der Luft hing«.

  Habt ihr Kinder, könnt ihr auch mit ihnen – jedes eine Laterne in der Hand – singend und betend durch die Räume ziehen. Ihr könnt auch einen Priester bitten, eure Wohnung und jeden einzelnen Raum zu segnen, und das jährlich von Neuem.

Zehntes Kapitel: Beten im Heiligen Geist

1. Der Vermittler

Im Dialog mit dem Himmel macht ihr die lebendige Erfahrung vom Wirken des Heiligen Geistes. Dieser sollte euch als Person so vertraut werden, wie der Vater, der Sohn, die Mutter, die Engel und die Heiligen. Je vertrauter er euch wird, desto selbstverständlicher wird euch die ständige Kommunikation mit dem Himmel werden.

Denn der Heilige Geist macht euch das Wollen und Wirken des Himmels hörbar, sichtbar, verstehbar, erlebbar. Er ist der große Vermittler zwischen Himmel und Erde; er bewirkt, dass euch die Fügungen und Inspirationen erreichen und bewusst werden können: erstens, indem er Kommunikation überhaupt erst möglich werden lässt, zweitens, indem er euch mit Geist und Seele für sie öffnet und aufnahmebereit macht. Ihr wisst, dass jeder Engel ein »Bote« im Dienst und Auftrag Gottes ist. Der Heilige Geist aber ist der Inbegriff des Boten, der Vermittler schlechthin. Die Engel überbringen die Botschaften im Heiligen Geist, und ihr empfangt sie im Heiligen Geist.

Im Glaubensbekenntnis von Nizäa heißt es, dass der Heilige Geist aus dem Vater »und dem Sohn« hervorgeht (filioque). Die Ostkirche hat das bestritten, es ist aber richtig. Hinzuzufügen ist nur, dass er auch aus der Mutter hervorgeht, von der in der christlichen Tradition aber aus Gründen, die euch erläutert wurden, meist geschwiegen wurde.[22] Der Heilige Geist ist nicht eine vierte Person neben Vater, Sohn und Mutter, sondern er gehört zur Trinität, insofern er ihre Zusammenfassung und ihr

22 Alexa Kriele: *Wie im Himmel so auf Erden. Die Botschaft der Engel.* Kailash 2005, Bd. 1 S. 167ff., Bd. 2, S. 54ff., Bd. 3, S. 54ff., Bd. 4, S. 170ff.

Vermittler ist[23], die Einheit in der Dreiheit und zugleich die Differenzierung in der Einheit.[24] In ihm strömt die göttliche Liebe und Weisheit in die gefallene Welt hinab und bereitet deren Heimkehr zum Vater vor.

Er ermöglicht aber nicht nur die Beziehung Gottes zum Menschen – von oben nach unten –, sondern auch die Beziehung des Menschen zu Gott – von unten nach oben, seine Beziehung zu allen lichten Wesen des Himmels und überhaupt jede vollkommen lichte Beziehung: auch die Beziehungen der Menschen untereinander, so weit sie ungetrübt durch dunkle Einflüsse sind, auch die Beziehungen zwischen den Wesen des Himmels, ja selbst die der Personen der göttlichen Dreifaltigkeit zueinander, des Urbilds jeder geglückten Beziehung.

Ihr wisst ja, dass die Schöpfung aus dem Beziehungswunsch des Vaters entstand: Er setzte die in ihm schlummernde Innenwelt aus sich heraus, damit sie ihm gegenüberstehen und er mit ihr in Beziehung treten konnte.[25] Das ist der Urgrund aller Liebe und aller Freiheit. Es ist ein Mysterium insofern, als der Verstand es nicht zu fassen, die Wissenschaft es nicht zu ergründen vermag. Ihr könnt nur versuchen, euch da hineinzufühlen. Wenn euch das gelingt, dann »leuchtet es ein«, und zwar mit überwältigender Evidenz.

Damit wird euch zugleich die grundlegende Bedeutung von Beziehungen einleuchten. Glauben ist mehr als Fürwahrhalten, er ist Ausdruck eurer Beziehung zur göttlichen Trinität und zu allen Wesen des Himmels. Euer Verhältnis zu eurer Familie, zu Eltern, Geschwistern, Kindern, auch zu den Verstorbenen und zu euch selbst ist eine Frage von Beziehung und Beziehungsfähigkeit, ebenso euer Verhältnis zu Freunden, Nachbarn, Mitarbeitern, Partnern usw. Euer ganzes Leben ist eine Aneinanderreihung von ständigen Anfragen an euch: stimmt die Beziehung, ist sie lichtvoll, geglückt, adäquat? Ist sie durchweht vom Heiligen Geist, oder sind andere Wesen eingedrungen? Auch die Gesundheit ist ganz wesentlich eine Frage der Beziehungen zwi-

23 Alexa Kriele: *Wie im Himmel so auf Erden. Die Botschaft der Engel.* Band 4, Kailash 2005, S. 163f.

24 ebd., S. 174ff.

25 Alexa Kriele: *Die Engel geben Antwort auf Fragen nach dem Sinn des Lebens.* Kailash 2002, S. 30f.

schen euch und eurem Körper sowie zwischen den einzelnen Teilen eures Körpers untereinander: die Zellen und Organe bilden ein komplexes Beziehungsgeflecht. Auch euer Verhältnis zur Natur, zu Tieren, Pflanzen und Naturgeistern, zu Landschaften, zu eurer Umwelt ist eine Frage der Beziehungen.

Was die dunklen Wesen wollen, ist, immer alle Beziehungen zu stören und möglichst zu zerstören. Letztlich wollen sie völlige Beziehungslosigkeit herbeiführen. Sie werden sauer sein, dass ich euch das sage, denn ihre Machenschaften gelingen ihnen leichter, wenn ihr es nicht wisst. Aber ihr könnt euch besser gegen sie wappnen, wenn ihr euch darauf eingestellt habt. Ihr solltet damit rechnen, dass sie auf diese Information mit verstärkten Angriffen auf eure Beziehungen reagieren werden. Also nehmt euch in Acht, rechnet mit ihren trickreichen Künsten, auch mit neuen Varianten, die euch bisher noch nicht vertraut waren. Dann werdet ihr jetzt und in Zukunft nicht mehr so leicht darauf hereinfallen und die Qualität eurer Beziehungen bewusster pflegen.

Der Heilige Geist wird euch darin unterstützen. Denn er ist immer darauf bedacht, lichtvolle Beziehungen – oder das Lichtvolle in euren Beziehungen – zu ermöglichen, zu stärken, zu bestätigen, zu fördern, zu kultivieren. Er sucht, dem Lichten, dem Heiligen in euch und in euren Beziehungen mehr Raum zu geben, und damit zugleich dem Dunklen, Unheiligen den Raum streitig zu machen.

2. Die rúach

Der Heilige Geist ist der Schlüssel zu allen Mysterien, er selbst aber ist das größte Mysterium. Ihr erfasst sein Wesen nicht mit Begriffen, Definitionen, Beschreibungen oder anderen Operationen des Verstandes. Ihr nähert euch seinem Verständnis am besten, indem ihr versucht, euch eine bildhafte Vorstellung von ihm zu machen. Die Bibel und die jüdisch-christliche Überlieferung sprechen von ihm in verschiedenen Bildern.[26] Diese schei-

26 Der Katechismus der katholischen Kirche belegt und erläutert folgende Sinnbilder: Wasser (z.B. in der Taufe), Salbung, Feuer, Wolke und Licht, ▶

nen ganz unvereinbar nebeneinander zu stehen, haben aber eine gemeinsame Grundtendenz: sie bringen zum Ausdruck, dass der Heilige Geist das Wollen und Wirken Gottes vermittelt, es für den Menschen anschaulich und erfahrbar werden lässt. Ihr findet ihn da beispielsweise in den Bildern der Taube, die bei der Taufe Jesu herabschwebte, der Flamme auf den Häuptern beim Pfingstereignis oder des wehenden Windes, des Odems des Vaters.

Das Gemeinsame in diesen verschiedenen Bildern lässt sich an einem »Bild hinter den Bildern« anschaulich machen. Stellt euch den Heiligen Geist als ein weibliches Wesen vor, sehr jung, sehr zart, sehr hilfreich, sehr liebenswürdig, sanfter als alles Sanfte, leuchtender als alles Leuchtende, reiner als alles Reine, gehorsamer als alles Gehorsame. Spricht man vom Heiligen Geist, sollte man also eigentlich nicht »er«, sondern »sie« sagen. Nur klingt »die Heilige Geist« im Deutschen nicht gut. Der alttestamentliche hebräische Ausdruck für ihn war »rúach« – ein weibliches Wort.[27] Um die Vorstellung des Weiblichen leichter festhalten zu können, wollen wir im Folgenden statt »der Heilige Geist« einfach »die rúach« sagen. Stellt euch die rúach also wie ein junges Mädchen vor, ähnlich der Maria in der Verkündigungsszene.

Sie ist aber nicht identisch mit Maria, auch nicht mit der Sophia, die ein Aspekt der himmlischen Mutter ist. In der Theologie nimmt man mitunter an, das Weibliche in der Trinität sei durch die rúach repräsentiert. Hinweise auf die Mutter seien deshalb verfehlt und überflüssig. Das ist nicht richtig. In der Genesis heißt es: »Gott schuf den Menschen nach seinem Bilde«, nämlich »als Mann und Frau« (Gen. 1,27). Als solche sollten sie »fruchtbar« werden (Gen. 1,28) – ein deutlicher Hinweis darauf, dass es neben dem Vater im Himmel auch die Mutter im Himmel gibt. Von den Merkmalen, die die rúach kennzeichnen, ist in diesem Zusammenhang nicht die Rede.

▸ Siegel, die segnende Hand, der Finger Gottes, die Taube (Ziff. 694–701). Es gibt noch weitere Bilder: der Atem des Vaters, der Odem des Lebens, der Blitz, der Windhauch, der Sonnenstrahl, die Aureole (der Heiligen), der Regenbogen.

27 In der griechischen Übersetzung pflegte man »pneuma« zu sagen, ein sächliches Wort, in der lateinischen »spiritus sanctus« – männlich wie »Geist«.

Die rúach ist mit der Mutter also nicht identisch. Will man sie in das Bild der göttlichen Familie einordnen, so mag man sie sich eher als »Tochter« des Vaters vorstellen. Sie ist so wenig ein Kind der Mutter wie der Sohn, auch wenn sich die Mutter beiden gegenüber mütterlich verhält. Im Verhältnis zu ihnen ist sie eine Schwester. Alle drei sind die ersten Geschöpfe, die der Vater aus sich herausgesetzt hat. Da auch ihr Kinder Gottes seid, ist sie eure Schwester, so wie der Sohn euer Bruder ist.

Wenn es im Johannes-Prolog heißt: »Im Anfang war das Wort«, so solltet ihr – neben allen sonst noch berechtigten Interpretationen – auch bedenken, dass das Wort ein Mittel der Kommunikation ist. Der Vater hat Teile seiner Innenwelt aus sich herausgesetzt, um ein Gegenüber zu haben, mit dem er in Beziehung treten konnte. Die rúach gehörte schon im Anfang dazu; denn sie ist es ja, die alle Beziehungen überhaupt erst möglich macht.

Nachdem die Schöpfung durch den Fall der Engel in große Turbulenzen geraten war, hat sich der Vater entschlossen, sie trotzdem nicht zurückzunehmen, sondern auf die schlussendliche Wiederheimkehr der gefallenen Wesen zu setzen und auf die Mitarbeit der Menschen zu vertrauen. Seiner Zuversicht liegt das harmonische Zusammenwirken der trinitarischen Personen zugrunde.

Der Vater ist der Inbegriff der Beständigkeit, der Geduld, des bedingungslosen »Ja« zur Schöpfung. Die Mutter hat die Aufgabe übernommen, zu hüten, zu umsorgen, zu trösten, zu ermutigen, der Sohn die Aufgabe, zu führen, zu lenken, Wege zu weisen.

Die rúach, die Heilige Tochter, hat nicht daneben eine eigene Aufgabe, sondern vermittelt den Geist des Vaters, der Mutter und des Sohnes zu den himmlischen Hierarchien und zur irdischen Welt hinab, vermittelt die Kommunikation hinauf zur göttlichen Trinität, zwischen ihren Personen und überhaupt zwischen den Wesen des Himmels und der Erde. Sie bleibt als eigenständige Person im Hintergrund – schlicht, bescheiden, fast scheu, verborgen hinter ihrer Wirkung. Sie ist deshalb nicht machtlos, sondern im Gegenteil sehr mächtig. Doch ihre Macht zeigt sich nur in ihrer Wirkung, hinter der sie verborgen bleibt, so wie ihr den Wind nicht seht, sondern nur die Bewegung, die er auslöst. Deshalb ist der Wind eines ihrer charakteristischen Sinnbilder.

Auch andere Bilder zeigen sie als machtvolle, selbst aber zurückhaltende Vermittlerin. Als beispielsweise bei der Taufe Jesu das Wort des Vaters hörbar wurde – auch für die äußeren Ohren –: »Dies ist mein geliebter Sohn«, war sie es, die es hörbar machte. Im Pfingstereignis wurde sie im Bild der Flammen über den Häuptern sichtbar. Aber die rúach ist nicht Feuer – die Haare wurden nicht versengt –, sondern sie entzündete das innere Feuer der Begeisterung und der Hingabe. Sie ist auch präsent, wenn ihr mit den inneren Ohren oder Augen eine Inspiration oder die Führung eines Engels empfangt und für sie offen seid, und zwar ohne dass sie selbst sich zeigt.

Ein anderes Bild, das ihre Wirkungsweise anschaulich machen kann, ist das Licht. Wenn ihr in den Nachthimmel hinaufschaut, seht ihr den Weltraum nicht von Licht erfüllt, sondern schwarz. Das Licht ist da, aber ihr seht nur die Gestirne, die es entsenden, und die Gegenstände, auf die es fällt. Die rúach vermittelt die *geistige* Beziehung, die lichte Kommunikation zwischen dem, der einem anderen etwas übermitteln will, und dem Empfänger, für den es bestimmt ist. Um die Botschaft bewusst aufzunehmen, bedürft ihr

- *erstens* eurer Innenräume – so wie für das äußere Licht eurer Augen,
- *zweitens* der Bereitschaft, euch zu öffnen – so wie für das äußere Licht der offenen Augen.

Ihr erlebt das beispielsweise, wenn ihr die Übung mit den Lichtfarben macht, wenn ihr z.B. das schützende und öffnende Blau der Mutter beim Einatmen aufnehmt, beim Ausatmen abgebt und euch damit umhüllt: es vermittelt zwischen der Mutter und euch. Im goldenen Licht des Vaters wird euch das Lächeln des Vaters bewusst, im grünen oder rosa Licht die Hinwendung des Sohnes zu euch und die eure zu ihm und zum anderen Menschen.

Das alles ist die Wirkung der rúach. Und in jedem reinen Gebet ist sie es, die es nach oben trägt und die sowohl ermöglicht als auch gewährleistet, dass es gehört wird.

3. Künstlerische Darstellungen

In der sakralen Kunst findet ihr zahlreiche Darstellungen des Vaters, des Sohnes, der Mutter Maria, aber nur wenige des Heiligen Geistes. Die Maler, Bildhauer und Dichter tun sich schwer damit, die rúach ins Bild zu bringen. Gelegentlich geben sie ihr die Gestalt eines Engels, oder sie wählen eines der biblischen Bilder, vorzugsweise der Taube. Überhaupt bleibt in der Vorstellungswelt der Christen der Heilige Geist meist blass, abstrakt, schemenhaft und nicht recht verständlich. Damit ihr größere Nähe zur rúach gewinnt, ist es aber hilfreich, dass ihr euch wirklich ein Bild macht, das den Eigentümlichkeiten ihres Wesens möglichst nahe kommt.

Am eindrücklichsten seht ihr sie in dem Bild hinter den Bildern: in der Gestalt des jungen Mädchens. Betrachtet unter diesem Aspekt einmal die Meisterwerke, in denen die Künstler den Inbegriff des jungen Mädchens dargestellt haben (also nicht das Porträt eines konkreten Menschen). Da findet ihr beispielsweise das auf der Blumenwiese sitzende Hirtenmädchen: lächelnd, zart, verträumt, wunderschön, aber ganz schlicht, bescheiden in Haltung und Kleidung. Das wirkt sehr berührend und hat gerade dadurch eine so machtvolle Wirkung. Oder denkt an ähnlich wirkende Darstellungen der Grazien oder der Musen oder der Frühlingsgöttinnen oder der Geburt der Venus, auch an die Tugenden in der Sixtinischen Kapelle oder die Mädchengestalten Botticellis.

Dazu gehören Zeichen des Frühlings: Ringsumher Knospen, Blüten, Blumen in allen Farben des Regenbogens, ein Kranz im Haar, ein Strauß in der Hand. Ein leichtes buntes Kleid zeigt an, dass die warme Jahreszeit begonnen hat. Denn die rúach lässt Frühling sein, wo immer man sie einlässt und für ihr Wirken offen ist. Sie bringt Erneuerung, Frische, Freiheit, Farbigkeit, Leichtigkeit, Freude, Hoffnung, Erwartung, auch die Spontaneität des wechselnden Aprilwetters. Sie bringt sie in eure Beziehungen, auch in die zum Himmel und zu euch selbst. Ihr braucht natürlich auch Ordnung, Regelmäßigkeit, Zuverlässigkeit, Gewohnheiten, klare Strukturen. Das alles würde aber leblos ohne die ständig wiederkehrende Lebendigkeit des Frühlings. »Alles neu macht der Mai«, wie es in einem eurer Lieder heißt, und das ist es, was sie immer und immer wieder bewirken oder unterstützen will.

Während der Winter die Jahreszeit des Vaters ist, ist der Frühling die Jahreszeit des Heiligen Geistes. Sie leitet hinüber zum Sommer, zur Fülle, zur Jahreszeit des Sohnes, und dieser zum Herbst, zur Ernte, zur Jahreszeit der Mutter.

Natürlich ist die ganze Trinität zu allen Jahreszeiten gleichmäßig präsent und für eure Gebete erreichbar; es geht nur darum, in euch ein Gefühl für die Eigentümlichkeiten ihres Seins und Wirkens zu wecken, die in den jeweiligen Jahreszeiten so anschaulich werden.

Dem frühlingshaften Lebensgefühl, mit dem euch die rúach immer von Neuem durchdringen will, könnt ihr auch auf vielerlei andere, unmittelbare Weise symbolischen Ausdruck geben, ihr könnt es beispielsweise in Glasfenstern erleben, die das Sonnenlicht in allen Farben des Regenbogens durchschimmern lassen. Deshalb sind die Kirchenfenster so bunt. Das gleiche Spiel der Farben erfreut euch auch in bunten Blumensträußen, Blumenbildern oder Tüchern, ebenso auch in der Kunst, die mit Farben und geometrischen Formen spielt, und natürlich in Gärten, die die Erinnerung an den göttlichen Paradiesgarten wachrufen.

Aus dem gleichen Grund solltet ihr auch Verzierungen schätzen lernen wie Majuskeln und Blätterranken auf den Buchseiten, geschnitzte Bilderrahmen, bemalte Schranktüren, alles was die Lebendigkeit der Welt sichtbar werden lässt: Blumen, Tiere, der Sternenhimmel usw. Die Türen sollten oben einen runden Bogen bilden. Überhaupt solltet ihr rechtwinklige Ecken möglichst vermeiden – so etwas gibt es nicht in der lebendigen Welt –, sondern sie abrunden und eure Wohnstätten den runden Formen der Natur angleichen.

Vor allem solltet ihr selbst in eurem Leben keine Ecken und Kanten zeigen, sondern – bei allem Respekt vor der Ordnung – dem Unkonventionellen, Fröhlichen, Unbefangenen Raum geben, in der Kleidung wie im Verhalten, und mit Lächeln, Humor und Freundlichkeit Frühling in eure Beziehungen bringen.

4. Der Regenbogen

Können wir auch in eine direkte persönliche Beziehung zur rúach treten oder erfahren wir sie nur indirekt in ihren Wirkungen?

Der Heilige Geist ist eine zur göttlichen Trinität gehörende Person, mit der ihr sprechen könnt und auch solltet. Es sind euch ja wundervolle Gebete überliefert, in denen sie angerufen wird.[28] Sie ist aber auch in euren Innenräumen zu finden. Diejenigen, die mit ihnen schon etwas vertraut sind, wissen, dass der Sohn eine Wohnstätte in der Inneren Kirche hat, die Mutter im Marienturm und Sophienturm, der Vater in der Inneren Krypta. Der rúach könnt ihr in allen Innenräumen begegnen, nämlich immer dort, wo ein Regenbogen erscheint.

Ihr tretet beispielsweise an das Ufer eures Inneren Meeres, blickt hinaus oder auch ins Landesinnere hinein und nehmt beglückt einen wunderschönen Regenbogen wahr. Ihr seht ihn an der Inneren Quelle. Schaut ihr aus dem Fenster eurer Inneren Kirche oder der anderen Innenräume hinaus, erblickt ihr den Regenbogen. Er erscheint aber auch im Innern der Innenräume; er spannt sich z.B. von einer Seite des Altars der Inneren Kirche zur anderen und von der einen Hand des betenden Engels zur anderen. Die rúach lebt und atmet in allen Innenräumen. Ohne sie könntet ihr gar nicht in eure Innenräume hineingelangen und sie nicht sehen; ihr fändet keine Beziehung zu ihnen und sie nicht zu euch.

Der Regenbogen ist nicht die rúach selbst, er ist ein Teil des Gewandes, in das sie gekleidet ist. Betrachtet einmal in aller Ruhe einen der Regenbögen in euren Innenräumen. Dann werdet ihr ganz zart hinter ihm ihr Gesicht, ihren Blick, ihr Lächeln, ihre Gestalt sehen, als schautet ihr durch durchsichtiges buntes Glas hindurch. Sie wird sich nicht sofort zeigen, sondern warten, bis ihr sie allmählich wahrnehmt.

Ihr solltet begreifen: ihr seid nicht nur ein Individuum mit eigenem Körper und Willen, Gedanken und Gefühlen. Ihr seid auch ein Gefäß für den Heiligen Geist, ein Ort, an dem er sich

28 Vor allem: Veni Creator Spiritus: Gotteslob, Nr. 240, deutsch: 241, 242 und Veni Sancte Spiritus: Gotteslob Nr. 243, deutsch: 244, 245

auf Erden verankern kann. Ihr könnt mit ihm umgehen; es liegt in eurer Hand, in eurer Entscheidung, wie viel Geist in euch und mit euch und durch euch auf der Welt sein soll.

Übung:

> In der Übung mit der Farbatmung habt ihr euch mit blauem Licht umgeben und euch damit in den Schutzmantel der Mutter eingehüllt. Jetzt lasst einmal mit jedem Atemzug das Licht aller Farben des Regenbogens in euch hineinströmen: Rot, Orange, Gelb, Grün, Blau, Indigo, Violett. Beim Ausatmen umhüllt euch damit.

Woher kommt dieses Licht? Es kommt von der Trinität, es ist das Licht des Heiligen Geistes, das von der Trinität ausgeht. In eurer Welt würdet ihr sagen, ihr braucht das Licht nur einzuschalten, d.h. euch zu öffnen, euch von ihm erfüllen und durchleuchten zu lassen.

Erinnert euch, dass im Alten Testament der Regenbogen das Sinnbild des Bundes Gottes mit dem auserwählten Volk war (Gen. 9,12–17; s.a. Offb. 4,3). Dem lag eine Realität zugrunde: Im Geistlicht des Regenbogens steht ihr im Licht des Heiligen Geistes. Das eine Ende des Regenbogens findet ihr in euren Innenräumen, das andere Ende in der Trinität. Wenn ihr euch das bewusst macht, es aus vollem Herzen bejaht und dafür dankt, freut sich der Himmel. Stellt euch vor, alle himmlischen Wesen lachen vor Freude, klatschen in die Hände, der Vater lächelt, die Mutter und der Sohn haben vielleicht ein Wort für euch wie »Herzlich willkommen im Bund, tritt ein in die Lebendigkeit des Geistes«.

Die Farben des Regenbogens fließen ständig, es sieht aus wie ein im Bogen geleiteter Wasserfall, er bewegt sich, obwohl er in der Ordnung bleibt. Lasst die Vorstellung fahren, Ordnung bedeute Statik, ihr Gegenteil Chaos. Nein: zur Ordnung gehören Kreativität, Spontaneität, Aufbruch, Begeisterung, Bewegung, Wagnis. Ordnung ist das Gefäß für Lebendigkeit, oder anders herum: Lebendigkeit füllt die Ordnung aus. Die Beständigkeit der Trinität in der Ewigkeit und das Ausströmen des Heiligen Geistes gehören zusammen, bilden eine Einheit.

Der Verstand kann das nicht fassen, er ist so eingerichtet, dass er euren irdischen Zwecken dient. Hätte er die Alleinherrschaft, würde er euch in eine Welt der Berechenbarkeit, der Langeweile, der Unlebendigkeit führen, ihr würdet euch zu Tode ordnen. Lasst den Verstand walten, wo er hingehört – er hat seine partielle Berechtigung. Ihr sollt ja nicht unverständig denken und handeln – das wäre gar nicht im Sinn des Himmels –, sondern auf Erden verankert sein. Aber verliert darüber nicht die Lebendigkeit des Geistes. Ihr seid Beter, weil ihr Kinder Gottes seid, also öffnet euch dem Geist Gottes: dem Heiligen Geist, lasst ihn in euch wirken und euch mit seiner Lebendigkeit erfüllen.

5. Regenbogenübungen

a) Übung: Regenbogen bauen

Ergänzt die Übung mit dem Regenbogenlicht in folgender Weise: Ihr steht am Ende des von der Trinität ausgehenden Regenbogens, der das Licht des Heiligen Geistes ist, der Bund zwischen Himmel und Erde. Diesen Regenbogen leitet ihr nun weiter und bittet: »Er möge durch mich hinausgehen und sein Ende bei einem anderen finden.« Ihr benennt denjenigen, zu dem ihr den Regenbogen hin bauen wollt. Er kann nah oder fern sein, ein Freund oder Angehöriger oder ein Mensch, mit dem ihr Probleme habt, vielleicht sogar euer Lieblingsfeind. Es kann auch ein Haus, ein Ort, eine Gegend sein, die ihr bedenkt. Sie alle könnten ein wenig aus der Fülle des Heiligen Geistes brauchen.
Das Licht wird in einem großen Bogen aufsteigen, den Himmel berühren und dort zur Erde zurückkehren, wo ihr es bestimmt habt. Der Regenbogen durchlichtet und reinigt Beziehungen, er lädt die Menschen ein, sich ihm zu öffnen, sich in ihm zu finden und neu zu orientieren.

Die Wirkung dieser Übung ist ähnlich der einer Fürbitte, aber unmittelbarer und kraftvoller. Es wird euch überraschen, was ihr erlebt, wenn ihr das regelmäßig tut: ihr werdet erstaunt sein!

Diese Übung könnt ihr schnell und häufig machen, wann immer sie euch einfällt, jederzeit, überall, mitten in eurer sonstigen Tätigkeit. Habt ihr z.B. die Empfindung: »jetzt bin ich glücklich, hier ist es schön«, dann macht euch zur Gewohnheit, kurz jemand zu bedenken, den ihr auf diese Weise teilhaben lassen wollt.

Seht in den Fenstern und Türen eurer Wohnung die Einladung, Regenbogen nach außen zu senden: jederzeit und wohin es euch gerade einfällt. Wann immer ihr euch erinnert, dass ihr im Licht des Regenbogens steht, werdet ihr den Wunsch verspüren, andere daran teilhaben zu lassen. Es bedarf nur eures Entschlusses, der immer neuen Aktualisierung eurer Grundentscheidung, dem Heiligen Geist Raum zum Wirken zu geben.

b) Übung: Gebet zum Heiligen Geist

Variiert die Übung mit dem Regenbogenlicht: Lasst es nicht in der Vorstellung von oben auf euch herabströmen, sondern ruft den Heiligen Geist im Gebet an und bittet, er möge es herabströmen lassen. Stellt euch vor, die rúach sitze zu Füßen der Trinität und halte eine große, schöne, goldene Schale in der Hand. Ihr seht sie nicht auf einem Thron, auch nicht mit Rüstung und Schwert, sondern als junges Mädchen auf einer Blumenwiese hockend. Ruft sie an und bittet: »Liebe rúach, bitte übergieße mich mit Licht in der Farbe, die ich jetzt brauche. Du wirst wissen, welche das ist.« Dann werdet ihr sehen, was sie tut. Und vergesst nicht, ihr zu danken.

c) Übung: Regenbogen zwischen den Händen

- *Erster Schritt:* Haltet eure Hände mit den Handflächen nach oben und lasst einen Regenbogen von der einen zur anderen Hand entstehen. Spürt: »Ich bin ein Empfänger des Heiligen Geistes, der über mir ausgeschüttet wird und der in mir zu Hause ist. Ich besiegele diesen Bund zwischen Himmel und Erde, indem ich diesen Regenbogen entstehen lasse. Er soll ein Zeichen sein!«
- *Zweiter Schritt:* Jetzt legt die Hände zusammen oder faltet sie zum Gebet. Ihr spürt: da ist etwas zwischen bei-

den Händen. Da ist zwar keine sichtbare Materie, aber auch nicht nichts, da ist der Regenbogen! Ihr werdet spüren, wer ihr wirklich seid: ein Träger des Heiligen Geistes durch und durch. Wenn ihr so vorbereitet betet, gibt das eurem Gebet noch eine andere Innigkeit.

d) Segnen mit dem Regenbogen

Im Anschluss an diese Übung segnet nun eure Kinder oder andere Menschen, indem ihr ihnen die Hand auflegt oder über den Kopf streicht. Ihr könnt auch beide Hände kurz und leicht auf die Schultern des anderen legen, sodass sich der Regenbogen über seinen Kopf spannt.

Ihr könnt den anderen auch mit beiden Händen begrüßen und dabei einen Regenbogen entstehen lassen. Damit durchlichtet ihr die Beziehung zwischen euch und ihm: du und ich, wir beide stehen unter dem Segen des Heiligen Geistes, und der Regenbogen schlägt die Brücke zwischen dir und mir.

Ihr könnt mit diesen vom Regenbogen erfüllten Händen auch Tiere, Pflanzen und sogar Gegenstände segnen, z.B. eure Haustür: Wer künftig hier ein- und ausgeht, möge gesegnet sein. Ihr werdet damit verblüffende Erfahrungen machen. Wer ein Haus baut, sollte die Möglichkeit erwägen, die Eingangstür oben in einem runden Bogen zu gestalten. Dessen Symbolkraft wird die Wirkung des Segens noch verstärken.

Schluss

Wir haben uns erst am letzten Tag unseres Kurses über das Beten mit dem Heiligen Geist – der mächtigen, aber sanften, zarten, mädchenhaften rúach – ein wenig vertraut machen können. Es wird euch aber deutlich geworden sein: Beten heißt mit dem Heiligen Geist zusammenarbeiten. Darum ging es vom ersten Tag an. Die Frage war stets, wie ihr diese Zusammenarbeit am besten und wirksamsten tun könnt und was es dabei möglichst zu vermeiden gilt.

Mit dem Heiligen Geist – der rúach – zusammenzuarbeiten, bedeutet: in den Atem des Vaters eintreten, den Odem des Lebens, den sie zu euch hin vermittelt, der euch erfüllt und den ihr weitertragt. Sie geht auch vom Sohn und von der Mutter aus, die aber ihren Ursprung letztlich auch im Vater haben. Wenn ihr betet, dankt ihr lobpreisend dem Vater, auch wenn ihr das nicht ausdrücklich sagt, ihr heiligt seinen Namen und bittet den ganzen Himmel wirksam zu werden: für euch und für andere, derer ihr gedenkt.

Wenn ihr regelmäßig betet, tretet ihr in eine engere und bewusstere Beziehung zum Himmel, zur Trinität, aber auch zu allen lichten Wesen, die in ihrem Dienst und Auftrag mit euch und für euch arbeiten. Ihr gebt dem Himmel Raum in euren Herzen und verschafft ihm damit zusätzlich kraftvolle neue Möglichkeiten. Ihr wollt erreichen, dass der Himmel wirksam werden kann, indem er hörbar, spürbar, erlebbar wird.

Wo immer gebetet wird, ist Pfingsten. Beten heißt, die Ausschüttung des Heiligen Geistes erbitten, und die erfolgt in Hülle und Fülle. Ihr braucht sie nur aufnehmen, nutzen, wirksam werden lassen, weitertragen. Wenn ihr regelmäßig betet, wird sich das auf eure Gemeinschaften und Beziehungen auswirken: sie werden stimmiger, geglückter. Euer ganzes Leben bekommt einen anderen Rhythmus, ihr werdet neue Prioritäten setzen. Ihr werdet das Gefühl haben: Ich möchte eigentlich gar nicht mehr anders leben als in täglicher Zusammenarbeit mit der rúach, der himmlischen Schwester neben mir, in mir, über mir, hinter mir und mit mir.

Wenn euch das zum Bedürfnis wird, dann beginnt den Tag mit Gebet. Ich fasse noch einmal zusammen, was ihr dabei beachten solltet.

1. Ihr macht zunächst die vorbereitenden Übungen: umhüllt euch mit blauem Licht, wascht die Hände und reinigt eure Emotionen, atmet tief durch, stellt euch das Bild des arglosen Kindes vor Augen und sucht eines der sicheren Grundgefühle auf wie Dankbarkeit oder Freude, oder ihr begebt euch in den Raum der Freiheit. Dann könnt ihr noch den Heiligen Geist begrüßen, die rúach: »Guten Morgen liebe Schwester, ich freue mich, dass du da bist und auf das Licht, das du jetzt bitte aus deiner goldenen Schale über mich ergießen mögest.«
2. Dann sprecht das Vater-unser und vielleicht noch ein Ave Maria oder das Credo oder ein anderes klassisches Gebet.
3. Dann tragt vor, was ihr persönlich auf dem Herzen habt, sei es Lobpreis oder Dank oder Bitte oder Fürbitte für einen anderen. Macht eine Pause und gebt dem Himmel Gelegenheit, euch etwas zu antworten. Wenn ihr keine Antwort vernehmt, erwartet sie geduldig im äußeren Geschehen.
4. Dann macht eine der Übungen mit dem Regenbogen: baut beispielsweise einen Regenbogen zu anderen Menschen hin oder lasst ihn zwischen euren Händen entstehen und segnet damit. Zum Schluss sagt »Amen« und »Danke«.
5. Dann geht frohgemut in den Tag, und wenn etwas passiert, das euch die Laune verdirbt, erinnert euch dieser Arbeit und wiederholt kurz die eine oder andere Übung.
6. Abends schaut auf den Tag zurück, nicht mit Vorwürfen und schon gar nicht mit Selbstvorwürfen, sondern mit Dankbarkeit für alles, was euch gelungen ist. Dankt auch für das, was nicht gelungen ist: Entweder hat es einen Sinn oder der Himmel wird ihm einen Sinn verleihen. Lasst es euch zu Ansporn und Ermutigung werden. Überlasst euch fröhlichen Herzens und mit einem »Danke« dem Schlaf.

Das scheint auf den ersten Blick ein großes Arbeitsprogramm zu sein. Es erfordert in der Tat Disziplin und Ausdauer. Aber in Wirklichkeit nimmt es nicht viel Zeit und Kraft in Anspruch, und die ist es wert! Wenn ihr es euch zur Gewohnheit macht, werdet ihr es gar nicht mehr missen mögen. Ihr werdet euch einer ungeahnten Lebendigkeit erfreuen und die Erfahrung machen, dass euch eure Lebensaufgaben und eure Beziehungen immer schöner glücken werden. Es steht euch natürlich auch frei, das Arbeitsprogramm beliebig zu variieren, ich wollte euch nur einen Vorschlag machen.

Zum Abschluss dieses Kurses möchte ich euch danken, dass ihr gekommen seid, dass ihr so gut mitgearbeitet habt, dass ich sprechen und das alles sagen durfte. Das ist eine große Freude, nicht nur für mich, sondern auch für die rúach, ja für den ganzen Himmel. Lasst Regenbogen um euch sein, lasst die rúach zu eurer ständigen Begleiterin werden, bleibt ausdauernd dabei. Der Segen des Himmels sei mit euch! Damit verabschiede ich mich.

Die rúach fügt hinzu: Ich verabschiede mich nicht!

Teil II

Zum Vater-unser

JERACH: Friede sei mit euch! Das Vater-unser ist das heiligste Gebet, das ihr überhaupt habt. Wenn ihr es sprecht, seid euch bewusst, dass ihr etwas Großes und Wunderbares tut. Betet es mit Ehrfurcht und Respekt, aber auch mit Herzlichkeit und Vertrauen. Beten ist ein schönes, ernstes Gespräch, bei dem ihr euch wohl fühlen solltet.

Beten ist aber auch Arbeit. Ihr kennt das Wort des heiligen Ordensgründers Benedikt: »Ora et labora!« – bete und arbeite. Es gilt aber auch: Orare est laborare – beten ist arbeiten. Beten ist Mitarbeit an der Heimführung der Schöpfung. Diese solltet ihr gern, mit Fleiß und mit ganzem Herzen tun. Das könnt ihr aber nur, wenn ihr versteht, was ihr sagt. Deshalb wollen wir uns ein wenig mehr Klarheit erarbeiten.

Geht folgendermaßen vor: Schließt die Augen, sammelt euch und sprecht zunächst einmal das ganze Gebet im Zusammenhang. Dann beginnt noch einmal von vorn, bewegt jedes Wort in eurem Herzen und lasst euch Zeit. Es ist besser, mehrmals hintereinander nur zwei Zeilen zu beten, diese aber in sich leuchten zu lassen, als das ganze Gebet ohne innere Beteiligung zu sprechen. So sagte auch Jesus, als er euch dieses Gebet anvertraute: »Plappert nicht daher wie die Heiden.« (Mt. 6,7)

Wenn ihr in Gemeinschaft betet, könnt ihr natürlich nicht bei jedem Wort verweilen. Zwar wird euch auch dann von seiner Kraft zuteil. Denn diese wird kollektiv ausgestrahlt, weil viele, viele Menschen das Vater-unser zur gleichen Zeit beten und es zweitausend Jahre lang bereits gebetet haben. Jetzt aber soll es darum gehen, dass euch Sinn und Bedeutung jeder Zeile so innig vertraut werden, dass sie immer mitschwingen und sich auch anderen mitteilen können. Ich gebe euch deshalb kurze Kommentare zu jeder Zeile; ihr könnt auch Fragen stellen.

Vater

1. Im Deutschen erscheint es richtiger, statt »Vater-unser« zu sagen: »Unser Vater«. Ich rate euch aber, es bei der Reihenfolge der Worte zu belassen, die dem lateinischen »Pater noster« entspricht. Mit dem Anruf »Vater« sagt ihr nämlich zunächst einmal: »*Mein* Vater! Du hast mich erschaffen, ich bin Dein Kind, zwischen Dir und mir besteht eine ganz persönliche Beziehung, ich darf mit Dir sprechen, und Du wirst mich hören und mir vielleicht auch antworten.« Lasst euch diese individuelle Vater-Kind-Beziehung ganz bewusst werden, lasst euch von ihr durchdringen.

Damit lasst ihr zugleich das Bewusstsein der Nähe entstehen. Das geschieht, obwohl ihr dem Vater in Ehrfurcht und Demut gegenübertretet. Er ist nicht fern von euch, irgendwo über dem Sternenzelt. Da ist er auch, aber er ist auch hier, wo ihr seid, er blickt euch an und umhüllt euch mit seiner väterlichen Liebe. Er durchbricht seinerseits die Distanz und nimmt euch an sein Herz.

2. In den zehn Geboten ist euch gesagt: »Du sollst dir kein Gottesbild machen« (1. Gebot, Ex. 20,4).[29] Jesus beginnt das Gebet aber mit dem Gottesbild des Vaters. Damit schlägt er einen Bogen vom Alten zum Neuen Testament und stellt klar: Das Verbot wendet sich nicht gegen *dieses* Gottesbild, sondern gegen äußere Abbilder oder Bildnisse, wie sie in damaligen Religionen üblich waren, auch beispielsweise im »Goldenen Kalb« (Ex. 32,4).

29 Die Jerusalemer Bibel in ihrer ehrwürdigen klassischen Fassung (die später durch die Einheitsübersetzung ersetzt wurde) übersetzt: »Du sollst dir kein geschnitztes Bild machen, kein Abbild« und erläutert den folgenden Satz »Du sollst dich nicht vor diesen Bildern niederwerfen« (Ex. 20,5): »wörtlich: vor ihnen, vor den Göttern, die sie darstellen«.

Wenn ihr zu Gott »Vater« sagt, habt ihr natürlich vor euren inneren Augen das Bild eines Vaters, das geht nicht anders und ist euch nicht nur erlaubt, sondern es ist erwünscht und auch nötig. Denn ohne diese bildhafte Vorstellung bliebe Gott eine abstrakte Idee in der Welt der Gedanken. Ihr könntet von ihm nur in der dritten Person reden (»er«) und z.B. das Für und Wider von Gottesbeweisen diskutieren.

So kann aber keine lebendige Gotteserfahrung entstehen. Entweder verblasst Gott dann zum »ersten Urheber«, der für euch nicht mehr gegenwärtig ist, oder ihr steigert ihn zu einem fürchterlichen Weltenlenker, der kraft seiner Allmacht alles Böse abwenden könnte, es aber nicht tut, womöglich um mit irdischem Unglück und ewigen Strafen Vergeltung zu üben. Erst das Gottesbild des Vaters ermöglicht euch die persönliche Nähe, die Ich-Du-Beziehung, das kindliche Vertrauen und das Bewusstsein der väterlichen Liebe.

Scheut euch also nicht, eure Vorstellung ruhig an ein irdisches Vaterbild anzulehnen. Sieht er menschenähnlich aus? Ihr seid ja sein Ebenbild und Gleichnis! Sieht er wie ein bärtiger älterer Mann aus? Sitzt er auf einem Thron? Was für ein Gewand trägt er? In welcher Stimmung befindet er sich? Wie ist sein Gesichtsausdruck, zornig oder geduldig, streng oder großmütig? Lächelt er? Was hat er für eine Stimme? Was sagen euch seine Augen?

Das sind natürlich kindliche Fragen, aber ihr seid ja Kinder eures Vaters. Es kann hilfreich sein, an das Erinnerungsbild anzuknüpfen, das ihr aus eurer Kinderzeit von eurem irdischen Vater habt, oder an das Idealbild eines Vaters, wie ihr ihn euch erträumt habt: zwar streng, aber stets präsent und voller Liebe auf euer Wohlergehen und eure optimale Entwicklung bedacht.

Eine so nahe und zärtliche Beziehung, wie ihr sie zu eurem Vater hattet oder euch gewünscht habt, habt ihr auch zu eurem himmlischen Vater – und er zu euch. Lasst die Nähe zu! Sagt nicht: »Das wage ich nicht, ich bin dessen nicht würdig.« Damit macht ihr euch nicht nur kleiner als ihr seid, auch Gott macht ihr kleiner als er ist: ihr traut ihm dann die Großmut seines Herzens nicht zu, glaubt nicht wirklich an seine Liebe und rückt ihn in die Ferne. Ohne Nähe aber ist es, als würdet ihr das Vaterunser ins Nichts hinein sprechen, es ergreift dann nicht und verliert viel von seiner Kraft. Wagt also die Nähe, sprecht das Wort »Vater« zärtlich und vertrauensvoll!

3. Wo es einen Vater gibt, gibt es logischerweise auch eine Mutter. Wenn ihr das Wort »Vater« ausgesprochen habt, haltet einen kleinen Moment inne und sendet ihr still ein kurzes Wort des Dankes oder des Grußes zu. Stellt sie euch vor, wie sie neben dem Vater sitzt, ein wenig nach hinten gerückt. Ihr Gesicht zeigt einen Ausdruck großen Ernstes und unendlicher Güte. Sie wird euch freundlich zulächeln, wenn ihr sie schweigend in euer Gebet einbezieht.[30]

Tut das aber nur, wenn euch ihre Präsenz selbstverständlich ist. Dies ist nicht der Augenblick, sich Gedanken zu machen, ob es die himmlische Mutter überhaupt gibt, welchen Rang sie hat und wie die theologischen Diskussionen darüber zu beurteilen sind. Zweifeln solcher Art könnt ihr bei anderer Gelegenheit nachgehen. Dieser kurze schweigende Gruß von Herz zu Herz ist nur möglich und sinnvoll, wenn er spontan erfolgen kann und ihr damit keine inneren Probleme habt.

30 Kenner der aramäischen Sprache, in der Jesus das Gebet gegeben hat, weisen darauf hin, dass das einleitende Wort »Abwûn« nicht nur »Vater« bedeutet. Die richtige Übersetzung sei eigentlich »Vater-Mutter« oder »Eltern« oder »Gebärer(in)«. S. dazu: Neil Douglas-Klotz: *Das Vater-unser.* Droemer Knaur 1992, S. 34ff.

unser,

1. Habt ihr die persönliche Beziehung entstehen lassen (»Mein Vater«), so tretet ihr, wenn ihr jetzt »unser« sagt, in die Gemeinschaft mit all denen ein, die ebenso wie ihr die individuell erschaffenen und persönlich gemeinten Kinder dieses Vaters sind. Das Wissen, dass sie eure Brüder und Schwestern sind, bleibt dann nicht eine abstrakte Idee, sondern wird zur lebendigen Empfindung: Ihr fühlt euch ihnen in geschwisterlicher Liebe verbunden. Es entsteht ein Terrain des Friedens. Alle mögen, ertragen, verstehen einander für die Dauer des Gebets.

Haltet wieder einen Moment inne und vergegenwärtigt euch, wer diese Brüder und Schwestern sind.

- Es sind erstens die mit euch betenden Gemeindemitglieder.
- Es sind zweitens alle, die seit 2000 Jahren das Vater-unser gesprochen haben. Ihr steht in einer großen Tradition und gliedert euch in sie ein.
- Es sind drittens alle, die auch gegenwärtig das Vater-unser beten: Millionen Menschen rund um den Erdball lassen das Gebet wie eine große Symphonie erklingen. Ihr empfindet euch als Glied der weltumspannenden Gemeinschaft der Christen aller Konfessionen.
- Es sind viertens die Angehörigen aller Religionen, die Gott als Vater verstehen und anbeten.
- Es sind fünftens *alle* Menschen, auch wenn sie nicht wissen, dass sie Kinder Gottes sind: Sie sind es dennoch. Auch über sie hält Gott seine väterliche Hand, und auch sie sind eure Geschwister.

2. Noch etwas geschieht, wenn ihr »Vater-unser« sagt. Auch Jesus Christus sagte zu Gott: »mein Vater«. Also ist Jesus Chris-

tus euer Bruder. Er ist auch euer Herr und Meister und euer vielleicht strenger Richter, aber er ist auch euer Bruder. Er geht an eurer Seite, er nimmt euch in brüderlicher Liebe an die Hand. Auch zu ihm dürft ihr in eine nahe, liebevolle Beziehung treten, so innig, wie sie unter Geschwistern nur sein kann.

3. Wenn ihr wollt, könnt ihr noch einen Schritt weitergehen und bedenken, dass Gott auch der Schöpfer der himmlischen Hierarchien ist, und zwar auch derjenigen, die am »Fall der Engel« teilhatten. Auch sie hat er nicht aus der Schöpfung verstoßen, er erwartet vielmehr geduldig ihre schlussendliche Heimkehr. Ihr als ihre Geschwister habt die Aufgabe, an ihrer Erlösung mitzuwirken, indem ihr sie durch eure gesamte Lebensführung zu überzeugen versucht.

4. Und schließlich könnt ihr bedenken, dass Gott auch der Schöpfer der Tiere und Pflanzen, ja der gesamten Schöpfung ist. Betrachtet ihr sie mit dem Bewusstsein, ihnen Bruder oder Schwester zu sein, so wird euch ihr Leiden zu Herzen gehen, und ihr werdet euch mitverantwortlich für den pfleglichen Umgang mit der Natur fühlen.

der Du bist

1. Ihr duzt den Vater. Der Himmel spricht ja auf der Herzensebene, und so spricht man auch mit dem Himmel, sogar mit dem Vater.

2. Ich rate euch: Verkürzt die erste Zeile des Gebets nicht zu: »Vater unser im Himmel«, sondern belasst es bei den Worten: »der Du bist im Himmel«. Haltet einen Moment inne und vergegenwärtigt euch, was ihr mit den Worten »Du bist« sagt.

- *Erstens:* Du bist der in der Ewigkeit Ruhende, Du bist am Anfang gewesen, Du wirst am Ende sein.
- *Zweitens:* Du bist aber auch der in Raum und Zeit Schaffende. Du bist in der Gegenwart: Du bist da, Du bist lebendig und präsent, Du bist tätig, Du bist der ständige Schöpfer.
- *Drittens:* Du bist Dir bewusst, unser Vater zu sein. Du hörst uns, und es macht Sinn, zu Dir zu sprechen. Du bist der Vater, der zu uns in einer persönlichen Beziehung steht.

Alle diese drei Aspekte Gottes werden in euch gegenwärtig, wenn ihr euch in den Sinn des Wortes »Du bist« versenkt.

Wenn ihr wollt, versucht einmal, euch eine Vorstellung davon zu machen, was »Du bist« bedeutet. Was tut der Vater in der Gegenwart? Blickt er auf euch, nimmt er teil an eurem Leben, lächelt er, hört er euch zu? Will er etwas – und wenn ja, was? Oder schweigt er, ist er desinteressiert und anderweitig beschäftigt, oder tut er gar nichts? Welches Bild wird in euch lebendig, wenn ihr sagt: »Du bist«?

im Himmel,

1. Wo ist der Himmel? Ist er weit weg – hoch droben über den Wolken, in den Sternen, in fernen Galaxien? Nein, er ist überall, auch hier, ganz nah, direkt vor eurer Nasenspitze, ja sogar in euch. Der Himmel ist nicht ein anderer Ort, sondern ein Zustand der seelischen Befindlichkeit. Man braucht einen anderen Blick, um ihn zu entdecken.

Der Vater im Himmel ist also ganz nah. Wenn ihr genau hinfühlt, könnt ihr seinen Atem spüren, seinen Duft riechen, seinen Blick sehen, seinen »Geschmack« wahrnehmen, in seiner unmittelbaren Gegenwart zu ihm sprechen.

Macht einmal folgende

Übung:

Schließt die Augen und schließt auch die inneren Augen. Atmet ein wenig tiefer. Bei jedem Atemzug habt das Gefühl: Ich bin ein Stückchen größer geworden, ich bin leichter geworden, ich könnte fliegen. Lächelt dazu, lächelt so, dass die ganze Welt davon angesteckt wird und ebenfalls lächelt. Jetzt öffnet die inneren Augen und ihr seht vor euch den Vater »im Himmel«.

2. Man übersetzt »in caelis« mitunter mit »in den Himmeln«. Das löst die Assoziation aus: in den neun Sphären der himmlischen Hierarchien von den Engeln bis zu den Seraphim. Das ist natürlich nicht falsch; da ist der Vater auch.

Aber er ist auch unmittelbar vor euch, in euch und um euch. Auch die himmlischen Hierarchien sind nicht irgendwo in der Ferne, sondern sind euch so nah wie der Vater, der auch in ihnen ist. Diese Nähe wird euch aber klarer bewusst, wenn ihr sagt:

»im Himmel«. Sagt ihr »in den Himmeln«, löst das einen zweistufigen Gedankengang aus: Erstens, er ist in den Sphären der Hierarchien, zweitens, da uns diese allerdings nah sind, ist auch er nah. Ich empfehle, den Umweg zu meiden und zu beten: »im Himmel«, weil ihr euch damit die unmittelbare Empfindung der Nähe erleichtert.

geheiligt werde

1. Damit sprecht ihr die Aufforderung aus, zu heiligen. An wen richtet sie sich? An die Engel, an andere Menschen, an die Repräsentanten der Kirche? Wenn das gemeint wäre, würdet ihr das den Betreffenden sagen, nicht dem Vater. Ihr richtet die Aufforderung natürlich an euch selbst und bittet den Vater, euch zu helfen, dass ihr dieser Aufforderung gerecht werden möget. Das aber kann jeder nur für sich selber sagen. Ergänzt also im Stillen: »Geheiligt werde *durch mich*«.

2. Um euch klar zu machen, was mit »heiligen« gemeint ist, blickt zunächst einmal in eure Vergangenheit. Jede Seele, die zur Welt kommt, tut dies freiwillig, d.h. weil sie selbst es will. Warum will sie das? Sie will es, weil ein klein bisschen Heil durch sie in die Welt kommen soll, weil sie Heilung und Licht bringen will. Sie will es also ansatzweise und im Kleinen aus demselben Grund, aus dem Christus inkarnierte: weil Weihnachten werden soll. Die menschliche Seele hat auch noch Nebengründe, so will sie speziell in diesem Jahrhundert auf der Welt sein, und zwar in diesem Land, oder sie will zur gleichen Zeit wie ihre Freunde hier sein. Aber hinter all dem steht der entscheidende Grund: Sie kommt zum Heil der Welt.

Übung:

An dieser Stelle haltet einen Moment inne und fragt euch: Inwiefern war und bin ich zum Heil der Welt hier? Inwiefern habe ich erfüllt, was ich mir vorgenommen hatte? Wie nah bin ich meiner ursprünglichen Absicht gekommen? Inwiefern ist es mir (noch) nicht gelungen? Ihr dürft in aller Regel davon ausgehen, dass euer Leben schon – ungeachtet aller begangenen und erlittenen Ungerechtigkeiten, aller Traurigkeit oder Bitterkeit – doch ein wenig zum Heil der Welt beigetragen, ein wenig Weihnachten bewirkt hat! Ihr habt es schon dadurch getan, dass ihr jeden Morgen aufgestanden seid, gelebt habt, da wart, vielerlei Versuche unternommen, immer wieder aufs Neue begonnen habt, dass ihr seid, wie ihr seid. Ihr braucht keine »großen« Menschen zu sein. Die Welt war ein bisschen reicher, weil es euch gab, mit all euren Schrunden und Schwächen. Schon damit habt ihr den Vater geheiligt.

3. Die Bitte »geheiligt werde« richtet sich nun aber auf Gegenwart und Zukunft. Bezieht sie zunächst einmal auf die näher liegende Zukunft, nicht auf etwas, was ihr später einmal tun wollt. *Heute* wollt ihr den Vater heiligen. Heute wollt ihr z.B. Geduld oder eine sonstige Tugend üben, einer Untugend einen Riegel vorschieben, den dunklen Hierarchien weniger Spielraum einräumen, den lichten Hierarchien mehr. Ihr heiligt den Vater schon, wenn ihr einen Schmetterling bewundert, einen Regenwurm ins Gras setzt, einem Menschen verzeiht, der euch wehgetan hat. Kleine Gesten, die Gutes bewirken, sind besser als der Marathonlauf, den ihr euch vornehmt, aber nicht schafft.

Dein Name.

Warum heißt es nicht: »Geheiligt mögest Du werden«, oder »Geheiligt werde Gott«? Wer kennt seinen Namen? Wie mag ihn wohl die Himmlische Mutter anreden? Welchen Namen singen die Engel im Lobpreis? Ihr wisst es nicht. Ihr sagt zu Gott: »Mein Vater«. Das sagt etwas darüber aus, wie er ist, aber nicht wie er heißt. Das ist so in Ordnung Auch euren irdischen Vater redet ihr ja nicht mit seinem Namen an, sondern sagt »Vater« oder »Papa« oder »Papi« und drückt damit euer nahes Verhältnis zu ihm aus. Welchen Sinn hat dann die Bitte, dass sein »Name« geheiligt werde?

Ihr sagt damit, Gott werde geheiligt – welchen Namen auch immer er trägt oder unter welchem Namen auch immer er verehrt werden möge: Gott, Lord, Jehova oder Jahwe, aber auch Manitu, Allah und so fort. In verschiedenen Sprachen, Kulturen, Religionen, Gegenden wird er mit verschiedenen Namen angesprochen.[31] Alle, die Gott mit einem dieser Namen anbeten, heiligen den Einen Gott, den Vater über alles, den Schöpfer. Alle diese Menschen werden respektiert, und jeder dieser Namen soll heilig gehalten werden, sofern er Gott meint und nicht irgendetwas anderes.

Das bedeutet auch: Es gibt keine Exklusivität im Heiligen des Namen Gottes. Das Vater-unser darf nicht nur von Christen gebetet werden. Jeder, der es mitbeten will, wird willkommen geheißen. Und jeder, der ihn je nach seiner Herkunft und Tradition in anderer Form und unter den dort üblichen Namen anbetet, lobpreist die eine Schöpfung und heiligt den einen Schöpfer.

31 Zu den Namen Gottes in der jüdischen Tradition siehe Valentin Tomberg, *Lazarus, komm heraus. Mit einer Einführung von Robert Spaemann.* Herder 1985, S. 159ff.

Es gibt Schulen, die lehren und üben, die verschiedenen Namen, unter denen Gott angerufen wird, in einer Litanei herzusagen. Das ist sinnvoll. Es ist wie ein Kaleidoskop oder wie das Öffnen eines Fächers, der die bunte Vielfalt der Beziehungen, in denen die Menschen Gott gegenübertreten, sichtbar werden lässt.[32] »Geheiliget werde Dein Name« heißt also so viel wie: Du werdest geheiligt, unter welchem Namen auch immer Du angerufen wirst.

32 Eine Litanei verschiedener Bezeichnungen Gottes, soweit sie innerhalb des Christentums üblich sind, ist auch in der katholischen Kirche gebräuchlich: Gotteslob Nr. 763. Noch »katholischer« wäre es, auch die außerchristlichen Namen einzubeziehen.

Dein Reich komme.

Unter »Reich« ist hier nicht ein politisches oder soziales Gebilde zu verstehen. Vor allem legt alle Vorstellungen ab, die mit rechtlichen, kulturellen oder sozialen Verhältnissen zu tun haben, ob mit Grenzen oder als Universalreich. Wenn ihr kontemplativ und andächtig betet, werdet ihr spüren, dass ihr mit den Worten »Dein Reich komme« weder um bessere soziale Lebensbedingungen für euch oder eure Nachkommen noch um ein seliges Leben nach dem Sterben bittet – so berechtigt diese Wünsche auch sind. Ihr betet auch nicht um einen Gottesstaat in irgendeiner Form.[33]

33 Um die Bedeutung dieser Zurückweisung zu ermessen, sollte man sich der zahlreichen Varianten des politisch-sozialen Missverständnisses in Geschichte und Gegenwart erinnern. In der jüdischen Tradition gab es seit Jesaia die Erwartung des Messias, der ein Weltreich unter dem Gesetz Jahwes mit Jerusalem als Zentrum errichten werde. Die christliche Tradition knüpfte daran an. Jesus hat verkündet: der Anbruch des Gottesreichs steht nahe bevor, aber auch: es ist bereits angebrochen. Die Deutung dessen warf viele Streitfragen auf: Ist Jesus der erwartete Messias? Geht dem Anbruch des Gottesreiches eine Weltkatastrophe voraus? Steht an ihrem Ende die Wiederkunft Christi? Ist die Kirche identisch mit dem Gottesreich (Augustinus, *De Civitate Dei*)? Kann sie daraus politische Vorherrschaft ableiten? (Der Kaiser-Papst-Konflikt.) Ist die Herbeiführung des Reiches Gottes durch politische Umwälzungen herbeizuführen (Thomas Müntzer)? Oder gelten im politischen Raum weltliche Zweckmäßigkeiten (Luthers Zwei-Regimenter-Lehre)? Galt die Spannung zwischen geistlicher Innen- und politischer Außensphäre nur bis zum Anbruch des Zeitalters des Heiligen Geistes, das auf das Zeitalter des Vaters und des Sohnes folgen werde (Joachim da Fiore)? Ist das Zeitalter des Heiligen Geistes identisch mit dem »Wassermann-Zeitalter« (Moderne Esoterik)? Gibt es einen Zusammenhang mit dem 1000-jährigen Reich (Offb. 20,2–4) und zwischen diesem und dem Kaiserreich, verlängert durch das russische Zarenreich (Orthodoxe Mystik)? Zeigt sich der Anbruch des Gottesreiches in Amerika (»Gods own country«)? Oder kommt es mit dem globalen Endsieg des Kommunismus? (Ernst Bloch: »Ubi Lenin ibi Jerusalem«. Dazu ▶

Ihr bittet vielmehr um zweierlei:

I. 1. Das erste ist: Ihr bittet, dass sich die Fülle des Reiches Gottes auf euch und die ganze Erde herabgießen möge. Das Reich Gottes kommt mit der »Ausgießung des Heiligen Geistes«: der Kelch fließt über, das Füllhorn wird ausgeschüttet, der Reichtum Gottes quillt über und strömt herab. Macht einmal folgende

ÜBUNG:

Versucht euch zunächst vorzustellen, ihr befändet euch noch im paradiesischen Zustand, ganz in der Nähe des Vaters, und ihr freut euch am Sprudeln von Quellen über Quellen. Nun seid ihr auf Erden in der gefallenen Welt und schaut zum Himmel hinauf. Stellt euch möglichst bildhaft vor: Durch die Hierarchien hindurch – von den Seraphim bis zu den Engeln abwärts – strömt der Reichtum Gottes Stufe um Stufe herab, doch auf Erden kommt er nur noch wie Regentropfen an. Schaut genauer hin: Jeder Tropfen ist ein kleines Universum – welches Stück vom Paradies lebt in ihm?
Vielleicht seht ihr wunderschöne Blumen in ihm oder eine Waldlandschaft oder einen Sonnenuntergang über dem Meer oder herrliche Wolken vor blauem Himmel oder einen Kräutergarten, oder ihr habt das Gefühl: in dem Tropfen schlummert ein Wort vom Vater oder ein Gedanke oder eine Melodie oder eine noch ungeschriebene Symphonie oder

▶ Martin Kriele, *Befreiung und politische Aufklärung*. Herder, 2. erw. Aufl. S. 238, und zu den verschiedenen Varianten unserer politischen Theologie S. 218, 256ff.). Oder kommt es mit dem globalen Triumph islamischer Gottesstaaten? (Islamisten pflegen den Christen zu sagen: Ihr betet doch selbst darum!) Christliche Theologen diskutieren auch andere Varianten. Ist das von Jesus verkündete Gottesreich identisch mit dem Himmelreich? Gelangen wir nach dem Sterben in das Himmelreich oder erst mit der Auferstehung der Toten? Alle oder nur die Erwählten? Oder sprach Jesus von seiner bevorstehenden Passion und Auferstehung, durch die wir erlöst sein werden? Ist diese Erlösung eine endgültige, die nichts Irdisches mehr zu erhoffen übrig lässt? Gehört dann z.B. Auschwitz zur erlösten Welt? Und so fort – Fragen über Fragen und ebenso viele mit Wissensanspruch vorgetragene Antworten.

eine Liebeserklärung. Wenn ihr das wahrnehmt, werdet ihr voller Bewunderung sein und zu dem Wassertropfen sagen wollen: Oh, wie schön bist du, wie einzigartig, wie wunderbar!

Die Tropfen fallen nicht einfach auf die Erde, auf die Straße, in den Vorgarten, sondern sie tropfen in euch hinein, in eure Innenräume. Die Seelen sind Gefäße, die sie aufnehmen können. Das Reich Gottes kommt also nicht irgendwie um euch herum, es wird nicht wie von Heinzelmännchen aufgebaut, es kommt nicht durch Bücher und Lehren. Es kommt vielmehr, indem es in die Seelen hineintropft, dort aufgefangen, gelebt und genutzt wird.

Das Reich Gottes ist der paradiesische Zustand, der existierte, bevor der »Fall der Engel« den großen Tumult ausgelöst hat. Es ist die »heile Welt«: der heile unverletzte Zustand, in dem es noch kein Dunkel gab. Ihre Tropfen fallen nun in die gefallene Welt hinein, und eure Seelen sind die Gefäße, die sie aufnehmen können. »Dein Reich komme« heißt: Bitte lass es regnen, schütte die Tropfen über uns aus – gütig, großmütig, großzügig und im Überfluss. Es heißt aber auch: Ich will das Gefäß sein, das sie aufnimmt. Ich bin bereit, einen Tropfen »heile Welt« zu verwirklichen.

Ist euch das zu einfach? Ja, es ist wirklich einfach! Ihr verwirklicht ein Stück heile Welt vielleicht nur für einen Augenblick. Ihr tut es z.B., indem ihr ein Kind anlächelt, einem Einsamen die Hand auf den Arm legt, einem Besucher öffnet und sagt: »Komm rein, ich habe Zeit für dich«, auf eine Bitte »ja« antwortet, einem Menschen sagt: »ich versteh dich« oder wenigstens »ich will dich gern verstehen« oder »ich vergebe dir« oder »ich liebe dich«, indem ihr eure Umgebung anlächelt und sie zum Lächeln bringt, indem ihr singend statt griesgrämig durch die Straßen geht, indem ihr jemandem den Vortritt lasst, statt zu sagen: »ich war zuerst da!«, indem ihr sagt: »Was war das für ein schöner Tag.« Wenn ihr dann seht: das finden die anderen auch, dann habt ihr ein Stückchen vom Reiche Gottes auf die Erde gebracht.

Das Reich Gottes braucht keine äußeren Reichtümer, keine politischen Herrschaftsstrukturen, keine besondere Ausbildung, keine besonderen spirituellen Anstrengungen oder Tätigkeiten, es braucht nur dieses Gefühl für »heile Welt«. Wenn ihr nicht wisst, was das ist, dann greift zurück auf die festlichen Rituale, die euch das Jahr anbietet, die Rituale des Geburtstags oder anderer Feiertage wie diejenigen der Advents- und Weihnachtszeit: Plätzchen backen, Christbaum schmücken, Geschenke einpacken usw. Manchmal habt ihr das Gefühl: es ist fast zu schön, um wahr zu sein. Es ist eben doch wahr, wird gelebt und realisiert. Es ist ein Tropfen vom Reich Gottes.

2. Vielleicht denkt ihr jetzt an die Länder, wo ihr beim besten Willen kein Reich Gottes entdecken könnt: das regt euch auf und macht euch ärgerlich. Das ist recht und gut, wenn es dazu führt, dass ihr aktiv werdet und es beim Ärger nicht bewenden lasst. Tut etwas, das in euren vielleicht bescheidenen Möglichkeiten liegt; etwas könnt ihr immer beitragen, um zu helfen. Wenn ihr euch nur ärgert, werden die Menschen noch nichts vom Reichtum des Reiches Gottes spüren, werden sie keine Tropfen wahrnehmen.

3. Ihr habt so viele Tropfen zur Verfügung, wie ihr wollt, ihr braucht nicht zu sparen, ihr könnt sie weiterreichen und werdet immer genug haben. Sie trocknen nicht und sie erschöpfen sich nicht. Je mehr ihr gebt, desto mehr werden euch zufallen, und wenn ihr euch verströmt, so werden sich Ströme auf euch ergießen.

II. 1. »Dein Reich komme« bedeutet also: Das Reich komme von »dir zu uns«, aber es heißt auch noch etwas zweites: »Dein Reich komme zu Dir zurück.« Die ganze gefallene Welt ist ja eigentlich Gottes Reich, und ihr betet: »Möge sie doch wieder zu Dir kommen!«

2. Damit sagt ihr dem Vater zugleich etwas über euch selbst: »Wir sind unterwegs, wir kehren heim! Wir haben nicht vergessen, woher wir sind, was Glückseligkeit im Angesicht Gottes bedeutet. Wir sind zwar durch den Fall in einen großen Tumult gestoßen worden, haben aber beschlossen, mitzuhelfen zur Wiederheimführung – das ist unser freier Wille. Wir bitten Dich,

auch uns zu helfen, dass wir zum Gelingen beitragen. Warte, wir kommen!«

Ihr bringt mit diesem Teil des Gebets also zum Ausdruck, dass ihr wisst, wohin ihr geht und worum es geht, nämlich alles Dunkel zu durchlichten, bis am Ende der Zeiten die ganze Schöpfung heimkehrt zum Vater. Und ihr bringt zum Ausdruck, dass ihr euch eurer Freiheit bewusst seid. Ihr könnt euch – jeden Augenblick von Neuem – für die Abwendung vom Vater, d.h. für die »Sünde« und damit für das Dunkel entscheiden. Ihr wisst um die Versuchung und die Versucher, und ihr wisst um eure Schwächen. Aber ihr sagt dem Vater, was ihr im Grunde eigentlich wollt: dass ihr zu ihm zurückkommen wollt, weil ihr ihn liebt, und mehr noch: dass ihr zur Heimkehr der Welt euren Beitrag leisten wollt. Ihr bittet ihn um die Einsicht und die Kraft, die ihr dafür braucht.

3. *Was können wir denn zur Heimkehr der Welt beitragen?*

Natürlich nur ganz wenig Es kommt aber darauf an, dass viele mithelfen und zwar über die Zeiten hin immer mehr und mehr. Sie stellen sich in den Dienst der Trinität und all ihrer Engel in allen Hierarchien. Ihr alle wirkt zusammen, und in dieser Gemeinschaft seid ihr eine wesentlich größere Macht als die dunklen Mächte. Diese sind ja im Grunde unglücklich. Christus hat bei seinem Abstieg ins Reich des Todes den Keim des Heimwehs in sie hineingelegt.[34] Einer nach dem anderen wird sich dem Vater zuwenden und wieder in die lichten Hierarchien einordnen.

Dazu bedarf es der Überzeugungsarbeit. Ihr überzeugt sie nicht durch Überredungsversuche mit Argumenten. Ihr sollt sie auch nicht angreifen – damit würdet ihr euch ihnen schon annähern. Ihr sollt sie auch nicht liebevoll umarmen, das wäre gefährlich und will gelernt und gekonnt sein. Ihr sollt sie auch nicht verachten, nicht hassen, nicht links liegen lassen, nicht so tun, als seien sie nicht da. Sie sind ja da. Ihr sollt nur einfach euer lichtes Leben leben – das wird sie auf Dauer überzeugen.

34 Alexa Kriele: *Wie im Himmel so auf Erden. Die Botschaft der Engel.* Band 2, Kailash 2005, S. 340 und Band 3, S. 97ff.

Mancher Doppelgänger, mancher Schatten, mancher graue Nachtfalter wird sich euer Leben anschauen und es anziehend finden: »Eigentlich gefällt es mir bei ihm und seinen Engeln besser als bei meinen dunklen Herren, es ist irgendwie schöner.« Irgendwann wird er schließlich dem eigenen Dunkel ungehorsam werden. Und genau das ist es, was ihr erreichen sollt, wenn ihr betet: »Dein Reich komme.«

4. Ihr habt eure Berufe und eure Hobbys, ihr arbeitet und feiert Feste – doch was immer ihr tut, es geht darum, das »Dein Reich komme« als doppelte Tätigkeit zu verstehen: *Erstens:* Ich lasse es in mich hineintropfen und gebe die Tropfen weiter, werde sozusagen selbst zum Quell, der aus der himmlischen Fülle gespeist wird. *Zweitens:* Ich weiß, worum es geht: wir kommen alle heim zu Dir, Vater. Die Mutter wird uns auf dem Weg geleiten, der Sohn ist uns als Bruder zur Seite, die Engel werden uns leiten, und vielleicht nehmen wir einige dunkle Wesen mit ins Licht.

»Dein Reich komme« ist also gleichzeitig eine Bitte und ein Versprechen. Ihr seht daran, wie viel an euch liegt. Euer Leben ist unendlich wichtig, unendlich kostbar und unersetzlich: ihr seid da zum Heil der Welt. Es gibt eigentlich keine Minute zu vertun. Ihr seid es, die die Schritte auf dem Heimweg zum Vater zu tun habt, auf euch kommt es an!

Wenn ihr das wisst, wird euch nie mehr langweilig werden. Auch das Beten werdet ihr als eine Arbeit empfinden, die Freude macht. Es kommt nur darauf an, dass ihr wisst, was ihr tut. Macht zum Schluss noch einmal die auf Seite 146f. angegebene

Übung

und vervollständigt sie jetzt. Sprecht »Dein Reich komme« und erlebt dabei:

– *Erstens:* »Ich bin ein Kelch, der den göttlichen Reichstropfen in sich hineinfallen lässt, ich öffne mich ihm. Da kommt ein Tropfen – ein Lächeln, ein Klang, eine Zärtlichkeit, eine Freundlichkeit, eine Aufmunterung oder etwas dergleichen. Das Reich Gottes wird in Hülle und

Fülle ausgegossen. Ein Tropfen fällt in mich hinein, und von da reiche ich ihn weiter – jetzt, in den nächsten Stunden, heute noch: ich mache mich zum Überbringer eines kleinen Stückchens vom Reich Gottes.«

– *Zweitens:* »Ich komme zu Dir zurück, ich weiß, worum es geht. Verlier die Geduld nicht, wart auf mich! Auch wenn mein Weg im Moment so furchtbar steil und steinig ist, ich komme bestimmt.« Vielleicht merkt ihr, wie die Mutter einwirft: »Das wussten wir immer schon. Und wir wissen auch, dass du nicht alleine kommst, sondern andere mitbringst.«

Wenn ihr diese beiden Schritte getan habt, dann werdet ihr all euer Tun, eure Arbeit, eure Gespräche mit anderen Menschen neu und anders erleben. Und ihr dürft zu dem Satz »Dein Reich komme« aus innerstem Wissen heraus hinzudenken: »Ja, Dein Reich kommt!«

Dein Wille geschehe,

Diese Bitte klingt, als fordertet ihr Gott auf, seinen Willen geschehen zu lassen; er möge z.B. in das Weltgeschehen eingreifen, vielleicht mit Feuer und Schwert oder einer Naturkatastrophe oder einem vorweggenommenen Teil des Jüngsten Gerichts. Bittet ihr also: Lass endlich etwas Zusätzliches, Besonderes, Bedeutsames geschehen? Nein.

Erinnert euch an die Gethsemanenacht vor der Passion.[35] Jesus betete: »Mein Vater, wenn es möglich ist, so gehe dieser Kelch an mit vorüber. Doch nicht wie ich will, sondern wie Du willst« (Mt. 26,39). Und dann wieder: »Wenn dieser Kelch nicht an mir vorübergehen kann, ohne dass ich ihn trinke, so geschehe Dein Wille« (Mt. 26,42). Er hatte erwogen, sich dem furchtbaren Passionsgeschehen zu entziehen – das wäre für ihn keine Schwierigkeit gewesen –, er rang mit sich, kam aber zu dem Schluss: »Nicht mein Wille, sondern Dein Wille geschehe.« Das hieß in diesem Zusammenhang: Ich gebe meinen natürlichen, menschlichen Eigenwillen auf und mache Deinen Willen zu meinem Willen.

Es ist ja selbstverständlich, dass die Passion nicht Gottes Wille war. Sie war das Werk der dunklen Hierarchien und hat den Vater aufs Tiefste erschüttert und betrübt. Gottes Wille war aber, dass der Sohn sie durchstand, ohne den geringsten Schritt in Richtung der dunklen Hierarchien zu tun, dass er dann ins Reich der dunklen Hierarchien hinabstieg, um einen Funken des Heimwehs hineinzutragen, und dass er sich danach seinen Jüngern im Auferstehungsleib zeigte. Dies alles sollte zum entscheidenden Wendepunkt für die Erlösung werden. Deshalb nahm

35 Dazu: Alexa Kriele: *Wie im Himmel so auf Erden. Die Botschaft der Engel.* Band 4, Kailash 2005, S. 98ff.

der Sohn es auf sich. »Nicht mein, sondern Dein Wille geschehe« hieß: ich sorge dafür, dass Dein Wille geschieht, er geschehe durch *mich.*

Diese Zeile des Gebets setzt also den göttlichen Willen in Beziehung zum menschlichen Willen und wirft mehrere Fragen auf:

1. Inwiefern unterscheidet sich der menschliche Wille von Gottes Willen?
2. Wie könnt ihr erkennen, was Gottes Wille ist?
3. Wie viel Eigenwille steht im Einklang mit Gottes Willen?
4. Wie viel Freiheit habt ihr, um euren menschlichen Willen mit Gottes Willen in Einklang zu bringen?
5. Wie geht man mit den dunklen Einflüssen um?

1. Ihr wisst aus der Schöpfungsgeschichte, dass Gott die Menschen als sein »Ebenbild und Gleichnis« geschaffen hat (Gen. 1,26f.). Wenn ihr sehr still und gesammelt in euch hineinhört, taucht vielleicht eine leise Erinnerung an die paradiesische Zeit vor dem Fall in euch auf, als eure Seele noch ungetrübt Gottes Ebenbild und Gleichnis war. Als Gleichnis wart ihr Gott ähnlich, als Ebenbild ihm sogar gleich.

Ihr seid natürlich sein Ebenbild nicht in seiner ganzen Fülle, sondern ihr seid es in bestimmter Hinsicht: eure Seele ist ein kleines Stück aus seiner Innenwelt. Bildlich könnt ihr euch vorstellen: Ihr seid eine Zelle seines Körpers, eine Facette, ein Gedanke, ein Traum, den er träumte und den er realisierte, indem er euch schuf. Nur weil ihr das seid, könnt ihr überhaupt das Vater-unser beten. Nur deshalb seid ihr seine Kinder und deshalb seid ihr Geschwister, auch Geschwister seines Sohnes Jesus Christus. Nur deshalb habt ihr die potenzielle Macht, zu wollen, dass sein Wille durch euch geschieht.

Lasst es also mit der Ähnlichkeit nicht genug sein, verdrängt nicht den Anspruch, der mit der Ebenbildlichkeit verbunden ist. Wer ihn ernst nimmt, wird sich fragen, warum er überhaupt etwas anderes wollen kann als Gott.

Nun wird keiner von euch behaupten, dass das, was er im Alltag tut, stets das sei, was Gott will. Ihr wisst ja, dass die Welt durch den Fall der Engel in einen Zustand gesunken ist, in dem dunkle Wesen auf euch Einfluss nehmen. Und die wollen ganz anderes als das, was Gott und die lichte Welt der Engel wollen. Was sie euch anbieten, kann sehr angenehm und verlockend sein, mag vielleicht sogar moralisch richtig und gesellschaftlich akzeptabel klingen. Es bleibt nicht aus, dass ihr dadurch in einen Zwiespalt geratet. Gott ist nicht mehr der Einzige, der etwas von euch will. Ihr habt zwischen verschiedenen Angeboten, was man wollen könnte, zu wählen und Entscheidungen zu treffen.

2. Es ist aber nicht so, dass ihr nicht mehr wissen könntet, was Gott will. Ihr habt ja durch den Fall der Engel nicht aufgehört, in eurem innersten Kern Gottes Ebenbild zu sein. Es kommt zunächst einmal darauf an, dass ihr euch der daraus folgenden Macht, seinen Willen geschehen zu lassen, bewusst werdet und nicht meint, ihr wäret dem Willen der dunklen Wesen, die euch zu beherrschen versuchen, hilflos ausgeliefert. Vielleicht habt ihr von dieser Macht in eurem Leben noch kaum Gebrauch gemacht, zumindest habt ihr sie nicht ausgeschöpft.

Um euch diese Macht bewusst werden zu lassen, macht einmal folgende

Übung:

Stellt euch vor, ihr wäret Schauspieler und hättet einen Sklaven zu spielen, und der Regisseur sagt euch: setzt euch mal hin mit gekrümmtem Rücken, gesenktem Kopf, hängenden Schultern, müden Armen, als liege ein schwerer Stein auf eurem Rücken. Es dröhnt in euch: »Ich muss«: Ich muss meinem Herrn gehorchen, dem Schicksal, den Eltern, den Kindern, dem Chef, dem Partner, der Telefonzentrale, dem Finanzamt, dem Haus, den Schulden. Ich muss mich zusammenreißen, muss gut sein, muss lieb sein, muss die und die Moralregeln befolgen.

Und nun gestattet euch den Gedanken: »Ich muss gar nichts, denn ich bin kein Sklave, sondern ein freier Mensch. Ich bin Gottes Ebenbild und Gleichnis, nicht mehr und nicht weniger, und insofern ein Stellvertreter Gottes auf Erden. Ich bin ein König / eine Königin.« Richtet euch ganz langsam auf,

Wirbel um Wirbel. Haltet schließlich den Rücken, den Kopf, die Schulter wie ein König: aufrecht, schön, stolz, selbstbewusst. Denn es gibt nichts Göttlicheres in Gottes Schöpfung als euch. Alles andere ist auch auf seine Art und Weise göttlich, ihr aber seid geschaffen als Gottes Ebenbild und Gleichnis, und das sind nicht einmal die Engel.
Haltet die Nase nicht so hoch, dass die Krone nach hinten rutscht, sondern das Haupt so, dass die Krone würdig darauf sitzen kann und respektvolle Distanz gebietet. Der Gesichtsausdruck zeigt aber keine Kühle, sondern ist gütig, liebenswürdig, nobel wie der eines guten Königs. Dazu gebt euch noch einen passenden Beinamen so wie Karl der Große, sagt euch z.B.: ich bin Gudrun die Erste oder Alexa die Mutige oder so etwas.
Und nun schaut mit geschlossenen Augen auf die Menschen, mit denen ihr lebt, die euch anvertraut sind, die ihr behütet, um die ihr euch kümmert als »euer Volk«. Auch diejenigen, die euch Ärger bereiten oder bereitet haben, ja selbst eure »Feinde« gehören zu eurem Volk, sie stehen unter eurem Thron. Bedenkt auch sie mit einem dieser königlichen Würde entsprechenden Verhalten. Werdet ihr sie jetzt noch ausschimpfen, die Türen knallen, beleidigt und getroffen sein? Werdet ihr nicht vielmehr lächeln und etwa sagen: »Das hast du nicht so gemeint, es war nicht gut, aber darüber sehe ich hinweg, du wirst dich ändern, ich gebe dir Zeit«?
In dieser königlichen Haltung mit dem königlichen Lächeln sagt ihr nun: »Dein Wille geschehe.« Habt ihr jetzt nicht das Gefühl: das geht, das kann ich wirklich so geschehen lassen? Der Vater, dem ihr das sagt, ist nicht mehr so weit weg wie vorher, er ist euch ganz nah.

Wenn ihr das erlebt und gefühlt habt, wird euch auch klar, was mit diesem Satz »Dein Wille geschehe« gemeint ist, nämlich: »Dein Wille geschehe *durch mich* – (natürlich nicht nur, aber auch). Er kann durch mich geschehen, wenn ich den richtigen inneren Ort aufsuche, nämlich mein Innerstes, in dem ich ein Teil von Dir bin. Ich brauche nur die Zwiebelschalen, die es umgeben, wegzuschälen. Dann komme ich zu dem Ort, wo mein Wille Dein Wille ist, wo ich gar nichts anderes wollen kann als das, was Du willst. Ich bin den dunklen Einflüssen nicht hilflos ausgeliefert, ich habe die Macht, ein kleines Stück von Gottes Willen in die Tat umzusetzen.«

Gewiss, diese königliche Haltung einzunehmen, ist anstrengend, ist Arbeit. Ihr könnt euch auch mal wieder fallen lassen und Sklave sein, das seid ihr vielleicht eher gewöhnt und ist zwischendurch entspannend. Aber in seiner Wirkung ist es fragwürdig, also richtet euch wieder auf.

3. Wenn ihr euch dieser Macht bewusst geworden seid, wird sich euch die Frage stellen: Was will ich so in meinem Leben? Will ich das alles wirklich? Was will ich im Grunde eigentlich? Durchleuchtet einmal euer Wollen. Denkt nicht gleich an ferne Erfolgsziele, beschränkt euch auf dieses und das nächste Jahr: Was will ich tun? Was will ich sein? Was will ich haben?

Betrachtet euer Wollen nicht so, als sei es entweder gut oder böse, entweder Gottes Wille oder der Wille der dunklen Hierarchien. Ihr seid Menschen, ihr habt eure Lebensziele, setzt euch eure Aufgaben, wollt darin erfolgreich sein. Das dürft ihr, das sollt ihr sogar, das steht Gottes Willen nicht entgegen. Es ist nicht jedermanns Sache, sein Leben ganz dem Dienst am Heiligen zu widmen, etwa als Mönch oder Eremit. Es ist durchaus in Ordnung, wenn ihr beispielsweise ein erfolgreicher Unternehmer oder Landwirt oder Schriftsteller oder Politiker oder eine gute Hausfrau und Mutter sein wollt. Betrachtet jetzt einmal so realistisch wie möglich, worin euer Wille besteht.

Am besten fangt ihr mit der Frage an, was ihr jedenfalls *nicht* wollt: was wäre das Schwierigste, das Unangenehmste, das Schlimmste, das, womit ihr gar nichts anfangen könnt?

Wenn ihr das geklärt habt, ist die Frage, was ihr positiv wollt. Am einfachsten ist die Frage: Was will ich *haben*? Etwas haben zu wollen ist auch in Ordnung, die Frage ist nur wie viel wovon. Geht einmal eure Wohnungseinrichtung, euren Kleiderschrank, euren Speicher und Keller mit der Frage durch: Will ich das wirklich alles haben, weil es zu mir gehört? Wenn nicht, zieht Konsequenzen und gebt Überflüssiges weg.

Das Wesentliche ist, dass ihr etwas nicht deshalb behaltet, weil es nun einmal da ist und euch gehört, sondern deshalb, weil ihr die bewusste Entscheidung getroffen habt: Das will ich haben.

»Ich bin der König meines Kleiderschrankes, meines Wohnzimmers, meines Speichers und Kellers. Ich habe die Macht, ja oder nein zu sagen, ich habe gewählt und mich entschieden.« Wenn ihr das ernstlich übt, wird das ein sehr eindrucksvolles Erlebnis für euch sein.

Schwieriger wird es, wenn ihr euch nach dem »Haben« jetzt der Frage zuwendet: Was will ich *arbeiten*? Denn da meldet sich der Verstand und sagt: »Was heißt hier: ich will? Ich muss ja! Ich muss Geld verdienen, die Rechnungen zahlen, die Rente sichern, die Ausbildung der Kinder finanzieren usw.« Dann wiederholt die Übung: Setzt euch in der Haltung des Sklaven hin, richtet euch auf in die Haltung des Königs und sagt: »Ich arbeite nicht, weil ich muss, sondern weil ich will.« Ihr wollt z.B. jemand sein, der sein Haus finanzieren kann. Ihr könntet auch in einen Wohnwagen ziehen. Ihr wollt euren Lebensunterhalt selbst bestreiten, ihr könnt aber auch auf Kosten des Sozialstaats leben. Ihr wollt euren Kindern eine gute Ausbildung sichern, aber sie können auch ohne sie durchs Leben kommen. Ihr entscheidet euch frei dafür, denn die Kinder haben sich bei euch inkarniert, weil sie ihre Eltern angeschaut haben und wussten: die werden sich kümmern.

Kurz: Was ihr arbeitet, tut ihr nicht, weil ihr müsst, sondern weil ihr gute Gründe dafür habt, d.h. nicht aus Zwängen, sondern aus freiem Willen. Nun könntet ihr einwenden: Läuft das nicht aufs selbe hinaus: Ich will zwar, aber ich will, weil ich muss? Ich muss z.B. früh aufstehen und arbeiten gehen, weil ich keine Alternative habe. Das ist aber nicht wahr: ihr habt immer Alternativen, ihr könntet beispielsweise im Bett liegen bleiben und die Kündigung riskieren. Ihr wählt die bessere Alternative, weil ihr euch aus guten Gründen und deshalb aus freiem Willen dafür entscheidet.

Das ist keine Sophisterei, sondern eine Sache der inneren Haltung – der Haltung des Sklaven oder des Königs. Es ist ein Schritt der Bewusstwerdung. Dieser Schritt ist im himmlischen Sinn lebensnotwendig. Denn er ist die Anfangsstufe zu dem, was ihr im Vater-unser betet. Wenn ihr sagt: »Dein Wille geschehe«, heißt das: nicht mein Wille, sondern der Deine. Das aber macht nur Sinn, wenn ihr zunächst mal einen eigenen Willen habt und lebt.

Viele Menschen spielen das Spiel: Es geschieht immer das, was ich nicht will, und das, was ich will, geschieht sowieso nie: ich habe die falsche Arbeit, die falsche Wohnung, die falsche Umgebung. Ich muss halt tun, was der Chef will usw. Wenn man diese Menschen fragt: Warum tust du, was der Chef will? Hast du gute Gründe, es zu tun, tust du es also freiwillig?, dann sagen sie: Nein, ich tue es, weil ich muss. Sie wollen, dass immer das geschieht, was sie nicht wollen. Das ist eine absurde Haltung, die jedoch häufig anzutreffen ist und die dazu dient, immer klagen zu können. Menschen mit dieser Haltung haben sich in eine Opferrolle hineinmanövriert.

Das geht oft ein ganzes Leben lang so. Man kann das Spiel aufhören, indem man sich klar macht: Selbst dahinter steht noch euer Wille, auch wenn ihr das nicht wahrhaben mögt. Denn ihr tut nichts, ohne dass ihr es wollt. Der Unterschied liegt nur in der inneren Haltung: der des Sklaven oder der des Königs.

4. Spottet nicht über diese Menschen, denn jeder von euch steckt zumindest ein bisschen in der Sklavenhaltung. Sich daraus zu befreien, ist mühsame Arbeit und braucht Training. Macht es wie ein Sportler: Übt täglich, übernehmt euch nicht, tut es Schritt für Schritt.

Als Erstes macht euch klar: Euer Wollen ist meistens ziemlich unbewusst und fremdbestimmt: ihr wollt das und jenes, weil ihr es »braucht« oder weil es sich so gehört. Übt einmal, bewusst zu wollen. Also immer, wenn ihr etwas einkauft oder plant oder etwas unternehmen wollt, fragt euch: Warum brauche ich das? Was fehlt mir, wenn ich es nicht habe oder tue?

Dabei erhebt euch wieder Wirbel für Wirbel aus der Haltung des Sklaven in die des Königs und entscheidet aus ihr heraus. Nicht immer, aber häufig werdet ihr dann sagen können: ja, ich strebe das zwar an, aber ich kann es auch lassen, es ist nicht wesentlich. Ihr könnt es trotzdem tun oder kaufen, dann aber aufgrund einer bewussten, freien Entscheidung. Ihr könnt dann sagen: »Ich muss das nicht haben, aber es schadet auch nicht, nimmt niemandem etwas weg und macht halt Freude.« Es geht um die völlige Freiheit eures Willens. Glaubt nicht, dass Gott Verzicht und Entbehrung von euch fordert und ihr sie leisten »müsstet«.

Indem ihr das übt, schält ihr die Zwiebelschalen ab, die euer inneres Wollen umhüllen und verhüllen. Ihr dringt zu der Frage vor: Was will ich im Grunde wirklich, was ist wesentlich? Wesentlich ist, was ihr als nächstes vom Himmel auf die Erde bringen wollt. Wo wollt ihr beispielsweise eine Versöhnung herbeiführen, wem wollt ihr zulächeln und ein wenig »heile Welt« bringen? Oder anders gewendet: Wem wollt ihr dienen?

Ein König kann dienen, ein Sklave nicht! Die am wenigsten dienen, sind die Menschen, die im Dienstleistungssektor beschäftigt sind: die tun halt ihre Arbeit. Dienen im eigentlichen Sinn des Wortes setzt die freie Entscheidung voraus: ich könnte es lassen, aber ich will dienen. Jesus lebte diese Haltung anschaulich im Akt der Fußwaschung vor (Joh. 13,2–20). Dienen kann nur, wer sich bewusst gemacht hat, dass er Gottes Ebenbild und Gleichnis ist. Dann kann er eine Brücke zwischen Himmel und Erde sein, etwas vom Himmel auf die Erde bringen und andere daran teilhaben lassen.

Jetzt wiederholt noch einmal die Übung: Richtet euch aus der Sklavenhaltung in die Königshaltung auf. Wenn ihr jetzt sprecht: »Dein Wille geschehe«, dann sprecht ihr zu eurem Vater aus nächster Nähe und in innigster Vertrautheit. Vielleicht denkt ihr ihm zu: »Ich will, dass Dein Wille geschieht, d.h. ich will ab heute dies oder jenes werden lassen, aufbauen, lernen, besser machen, ausstrahlen. Ich will Dir dienen, indem ich den Menschen diene.«

Dann haltet einen Moment inne und lauscht auf eine Antwort. Vielleicht schütteln Vater und Mutter den Kopf: »Kind, übernimm dich nicht, die Hälfte reicht doch«, oder: »Das wird zu gefährlich.« Oder der Vater lächelt ermutigend, die Mutter nickt zustimmend, vielleicht spürt ihr euren Bruder Jesus Christus an der Seite, der euch sagt: »Ich bin dabei, ich helfe dir.«

5. Wenn ihr dann zur Seite schaut, findet ihr noch ein untrügliches Zeichen dafür, dass ihr das Richtige wollt: die dunklen Hierarchien grummeln wütend. Dann fürchtet euch nicht und tut es trotzdem.

Es mag sich manches gut fügen, ihr habt ja die Hilfe des Himmels. Aber die dunklen Hierarchien ärgern sich wirklich sehr, wenn ihr nicht nur sagt: »Dein Wille geschehe«, sondern das auch tatsächlich umsetzt. Sie werden alles versuchen, um euch davon abzubringen, euch in irgendeine Form von Fremdbestimmung zu bringen, Zweifel zu erwecken, euch zu drohen und zu ängstigen, euch lächerlich zu machen. Sie werden die Menschen, die euch besonders lieb sind, angreifen. Was tut ihr dann, damit ihr nicht nachlasst? Es klingt altmodisch, ist aber das Wirksamste: haltet euch an die Gelübde Armut, Keuschheit, Gehorsam.

- *Armut,* weil ihr ja Gottes Ebenbild und Gleichnis seid und wie jeder richtige König entweder alles habt, ohne es zu brauchen, oder weil euch selbst dann nichts fehlt, wenn ihr nichts habt. Ihr kommt nicht nur ohne ein Auto aus, sondern auch ohne viel Wissen. Im richtigen Moment wird euch das Richtige einfallen. Habt ihr Ansehen, Freunde, sozialen Status – wunderbar, aber ohne geht es auch. Ihr habt ja die Anerkennung des Vaters und der Mutter, die Freundschaft des Sohnes, den königlichen Status als Ebenbild Gottes. Was braucht es mehr! Alles andere ist schön, wenn es da ist, doch es kommt und geht und darf euch nicht bestimmen.
- *Keuschheit* heißt nicht, in mönchischer Strenge zu leben, die ist auch gut, aber wesentlich ist die Unberührbarkeit: Niemand kann euch besitzen außer dem Schöpfer. Niemand kann euch bevormunden. Ihr fragt vielleicht um Rat und Hilfe, aber letztlich verantwortet ihr euer Leben selbst im Angesicht der göttlichen Trinität.
- *Gehorsam* bedeutet Treue gegenüber der Entscheidung, die ihr in dieser Keuschheit getroffen habt. Ihr habt euch angelobt an das, was ihr tun wollt, habt euch an eine Idee, eine Vision gebunden und haltet daran fest – nicht nur zwei Stunden oder zwei Jahre. Der Entschluss, als Forscher oder als Arzt hilfreich zu wirken oder als Künstler die Welt zu entzücken oder als Jurist der Gerechtigkeit zu dienen verlangt Durchhaltevermögen auch durch schwierige Prüfungen hindurch. Was sich in diesem Leben nicht verwirklichen lässt, gelingt vielleicht in späteren Erdenleben – aber nur, wenn ihr nicht aufgebt.

Armut, Keuschheit und Gehorsam liegt das Bewusstsein zugrunde: Da ihr Gottes Ebenbild und Gleichnis seid, kann euch gar nichts passieren, selbst wenn es euch dieses Leben kosten sollte. Ihr könnt auch keinen Menschen verlieren, auch nicht durch sein Sterben. Natürlich kann vieles unangenehm werden und sehr wehtun. Doch in diesem Universum geht euch schlussendlich nichts verloren. Ihr braucht nur einen langen Atem.

Es ist ja alles euer! Die dunklen Hierarchien versuchen euch zu überzeugen, dass ihr nichts habt und ständig etwas braucht oder enorm viel zu verlieren habt. Das Universum sei wie ein großes Sieb, durch das immerzu alles verloren geht. Es geht aber nichts verloren. Das ist das Gefühl, in dem ihr leben solltet, auch wenn der Verstand lauter »aber« einwendet. Lasst ihn seine Arbeit tun: er plant und rechnet und mahnt zur Vorsicht – das ist ja gut und wichtig, um euch in der Existenz zu halten. Aber es gibt Instanzen, die mehr wissen als der Verstand: im Herzen wisst ihr, dass ihr nichts zu verlieren habt. Wenn der Weg mal schwierig und brenzlig wird, haltet euch an Armut, Keuschheit und Gehorsam.

Macht noch einmal die Übung von der Sklavenhaltung zur Königshaltung. Sitzt bitte so still und königlich da, dass ihr das Gefühl habt: »So sitze ich schon seit Jahrtausenden auf dem Thron. Die Welt dreht sich unter mir hinweg, ich atme und lächle und liebe diese Welt und ihren Schöpfer. Ich bin und bleibe ein König.«

Das Vater-unser zu beten bedeutet: der Vater, dessen Ebenbild und Gleichnis ich bin, geht mich unmittelbar an: »Ich bin es, auf den es ankommt, damit sein Wille geschehe. Sein Wille werde mein Wille. Er geschieht nicht ohne mich. Es ist nicht so, dass ich mich derweil zurückziehen und mich kümmern kann um das, was ich brauche, um glücklich zu sein. Nein: ich diene und stelle mich zur Verfügung.« Dann könnt ihr auch sagen: »Ja, Dein Wille geschieht!«

wie im Himmel so auf Erden.

1. Ist diese Hinzufügung nicht eigentlich überflüssig? Nun, es macht schon Sinn, wenn ihr dem Vater sagt: »Ich weiß zwar, dass es auf Erden einstweilen nicht so heil und schön sein kann wie im Himmel, aber es ist mein innigster Wunsch, dass es in der ganzen Schöpfung wieder so werden möge, und ich will das meine dazu beitragen.« Dass ihr euch an dieser Stelle des Gebets so ausdrücklich des Himmels erinnert, ist gedacht als ein Hilfs- und Heilmittel, das euch Kraft gibt, die Verbindung zum Himmel zu festigen.

Ihr seid Bürger dieser Erde und Bürger des Himmels gleichermaßen. Ihr wohnt vorübergehend auf Erden, doch gleichzeitig ist ein Teil von euch, nämlich euer Sonnenengel – euer so genanntes »Höheres Ich« –, im Himmel. Wenn ihr die Erde verlasst, dann findet ihr euch wieder bei eurem Sonnenengel ein und seid wieder ganz und gar Bürger des Himmels. Das wart ihr auch, ehe ihr euch auf Erden inkarniert habt. Da ihr Bürger beider Welten seid, kennt ihr euch in beiden aus. Ihr kennt nicht nur die Gegebenheiten der Erde, sondern auch die des Himmels.

Diese sind euch aber nicht mehr in voller Bewusstseinsklarheit gegenwärtig. Die Erinnerung daran ist getrübt, sie bleibt dunkel im Hintergrund. Mitunter mag es scheinen, ihr hättet sie ganz vergessen.

Indem ihr sprecht: »Wie im Himmel so auf Erden«, hilft das dazu, die Erinnerung an den Himmel wachzurufen, zu klären und zu kräftigen: »Richtig, dort, wo sich die auf Gott hin orientierten Wesen befinden, ist die Einheit des eigenen Willens mit dem göttlichen Willen kein Problem.« – Ihr habt sie ja erlebt, und langsam dämmert die Erinnerung daran auf, wie das war.

Mit dem Wort »Wie im Himmel so auf Erden« habt ihr also einen Schlüssel zum Tor der Erinnerung: »Wie war das doch im Himmel? Was wusste ich alles, was spürte ich, was hatte ich präsent, was war alles klar? Das will ich mir in möglichst großer Bewusstheit vergegenwärtigen, denn so soll es auch auf Erden wieder sein.«

2. Nun habt ihr aber so viel vergessen oder könnt euch zumindest nicht sehr lebendig daran erinnern, auch wenn ihr euch darum bemüht – eine unangenehme Situation. Da ist die Frage: was kann man tun, damit man sich ein bisschen klarer erinnert?

Es gibt Menschen, die eine so genannte »Nahtoderfahrung« gemacht haben, d.h. sie galten nach einem Unfall oder einer Operation als gestorben, doch führten ärztliche Wiederbelebungsversuche sie ins Leben zurück. Viele bringen Erinnerungen von ihren ersten Erlebnissen im Himmel mit. Sie haben seither keine Zweifel mehr, dass es den Himmel gibt, und wissen in aller Klarheit, wie es dort ist.[36] In gewissen alten Initiationsriten wurden solche Nahtoderfahrungen nach strengen Prüfungen auch künstlich herbeigeführt. Da fiel es den Menschen »wie Schuppen von den Augen«.

Keine Sorge: so etwas habe ich nicht mit euch vor, das hätte ein Engel auch nicht anzubieten.

Es gibt aber eine sanftere Methode. Sie führt nicht zu einem umfassenden Aha-Erlebnis, da fallen euch nicht gleich alle Schuppen von den Augen, aber vielleicht die eine oder andere Schuppe, und wenn ihr die Übung öfter wiederholt, mit der Zeit immer mehr Schuppen. Ihr könnt euch sicher fühlen: es kann euch nichts passieren. Wer besorgt ist oder wem es unangenehm, unheimlich oder schwindlig wird, der soll es einfach lassen oder abbrechen. Ihr solltet die Übung nur machen, wenn ihr euch dabei ganz wohl fühlt. Wer sie mitmacht, wird am Schluss sehen: Er sitzt ganz unbeschadet auf seinem Stuhl. Die Übung wird für euch zu einem schönen und erhellenden Erlebnis werden.

36 Dazu: Alexa Kriele: *Mit den Engeln über die Schwelle zum Jenseits.* Kailash 2004, S. 49ff., auch die Einleitung von Bernard Jakoby S. 11ff.

Übung:

Setzt euch gemütlich auf euren Lieblingsplatz, die Füße auf den Boden, die Augen geschlossen. Bedenkt eure beruflichen und familiären Lebensverhältnisse, seid sicher geerdet und fühlt euch wohl. Jetzt versucht einmal so zu tun, als wäre es überhaupt kein Problem, euch ein bisschen über euren Körper zu erheben. Schaut auf ihn hinab, auf eure Schuhe, eure Kleidung, euren Kopf. Steigt ein bisschen höher und schaut auf Straßen, Gärten, Hausdächer. Ihr fühlt euch wie ein Vogel, dreht vielleicht Kreise über der Siedlung, in der ihr zu Hause seid, und steigt noch weiter hinauf. Ihr könnt ziemlich hoch fliegen, ihr fühlt euch ganz leicht. Ihr überblickt die ganze Gegend, die Häuser werden kleiner, ihr erinnert euch: Schau, da war ich auch mal.
Ihr nehmt kurzfristig Abschied ohne Kummer: ihr wisst ja, ihr kommt gleich zurück, und steigt weiter hinauf. Ihr überblickt das ganze Land: den See, den Fluss, die Berge, schließlich den ganzen blauen Planeten. Er ist herrlich anzuschauen. Hier oben ist es angenehm, friedlich, still. Es wird Nacht, es wird wieder Tag. Für den Körper sind es aber nur Minuten: er sitzt ruhig an seinem Platz.
Schaut euch in eurer neuen Welt um. Ihr seid vielleicht überrascht: ihr findet euch in einer an irdische Verhältnisse erinnernden Landschaft, vielleicht in einem Wäldchen oder auf einer Wiese oder auf einem Inselchen oder einem fremdartigen Hochplateau. Ihr wisst: das ist nicht auf der Erde, ihr seid im Jenseits gelandet. Schön ist es hier, ihr fühlt euch unendlich wohl. Vielleicht seht ihr Engel um euch herum, vielleicht auch Menschen, die ihr von früher her kennt. Ihr nehmt ihr Wohlwollen, ihre Liebe, ihre Freude wahr. Ihr hört sie vielleicht ein Wort des Dankes für eure Tätigkeit auf Erden sagen, oder sie geben euch einen Auftrag mit: »Wenn du wieder zurückgekehrt bist, übernimm bitte eine Patenschaft für diesen Menschen oder jenes Notstandsgebiet.«
Horcht einmal hin – oder in euch hinein, das ist dasselbe. Ihr bekommt den Eindruck: Hier gibt es keine Zwiespältigkeiten, kein Dunkel, keine Wunden. Es gibt nur Einverstandensein, nur diesen Frieden, es ist einfach rundherum schön. Es

fühlt sich an, als wäre nie etwas anderes gewesen, und alles ist gut. Vielleicht gelingt euch das nur für einen Augenblick. Aber er genügt, um euch ein Gefühl für den unverletzten Zustand der Schöpfung vor dem »Fall der Engel« zu geben, für das Paradies.

Es ist euch auch klar, wer ihr seid, wie ihr gemeint wart, als ihr geschaffen wurdet, und wie ihr mit allen anderen zusammengehört. Vielleicht seid ihr davon so erfüllt und beseligt, dass ihr das Gefühl habt: »Ich weiß, was der Vater will, wie die Schöpfung gemeint war, wie es einmal wieder sein wird. Ich brauche keine Antworten, weil es keine Fragen gibt, nicht einmal die Frage ›wo bin ich?‹, weil einfach alles klar ist. Ich könnte vor Freude und Dankbarkeit weinen, ich kann das alles gar nicht mehr fassen, so viel ist es, so großartig, so herrlich!«

Dann ist es Zeit, sich wieder der Erde zuzuwenden. Ihr blickt zärtlich auf eure Erde: eine edle Perle, die so dahinschwimmt, und habt das Gefühl: »Ach, was ist sie schön, mein Gott, wie hab ich sie lieb! Sie ist so heil gemeint, und doch liegt sie in so vielen Kämpfen. Ich will da wieder hin, ich will ihr helfen und den Wesen, die auf ihr leben, auch.«

Dann geht ihr den Weg, den ihr gingt, als ihr euch neu inkarniert habt. Ihr habt ja schon einen Körper, ihr macht einfach die Reise wieder zurück. Ihr lasst euch langsam sinken und nehmt euch dabei vor: »Ich will nicht vergessen, was ich erlebt habe. Ein wenig von diesem Gefühl nehme ich mit und behalte es für mein weiteres Leben.«

Ihr seht wieder eure Heimat, den Turm eurer Kirche, das Dach eures Hauses, dann euren Körper: Schaut, wie er da sitzt, er ist doch nett! Dann kehrt ihr wieder heim in dieses vorübergehende Zuhause und habt ein bisschen vom Himmel mitgebracht. Und jetzt nehmt ihr euch vielleicht vor: »Ich kümmere mich um die, für die ich die Patenschaft übernehmen sollte. Ja, wie im Himmel so auf Erden.«

Das ist eine Übung, die euch außerordentlich gut tut. Sie dient aber nicht nur eurem Wohle, sondern auch dem eurer Umgebung. Ihr werdet etwas vom Glanz des Himmels ausstrahlen. Diese Übung verschafft euch mitten im Leben auf sehr sanfte

Art und Weise eine Art Neuwerdungserfahrung. Sie sollte regelmäßig dazugehören wie duschen, baden, essen usw. Macht sie vor allem dann, wenn ihr einmal wieder das Gefühl habt: »Es ist alles so verworren, ich kann die Dinge nicht bewerten, es geschieht alles Mögliche, nur nicht Gottes Wille, durch mich kann er schon gar nicht geschehen.« Dann verhilft sie euch zu neuer Klarheit.

Was euer Dasein auf Erden von dem im Himmel vor allem unterscheidet, ist die mangelnde Klarheit des Bewusstseins. Ihr seid auf Erden nicht weniger licht, begabt und wirksam als im Himmel. Ein Unterschied ist aber: Ihr habt den Doppelgänger an der Seite, der euch verwirrt und beeinflusst. Das hat seinen guten Sinn: ihr sollt ja lernen, das Wirken der dunklen Hierarchien zu durchschauen, ihm standzuhalten und diese Wesen allmählich zu überzeugen. Aber zunächst einmal hat sich ein trüber Schleier über euer Bewusstsein gelegt, als hättet ihr eine ungeputzte Brille auf der Nase. Die Übung dient dazu, die Brille zu putzen.

Wenn ihr diese Übung macht, habt ihr euch nicht nur in eurer Vorstellung, sondern ganz real in den Himmel begeben, wenn auch nur in ein erstes Stück davon. Mehr ist euch zu irdischen Lebzeiten nicht zugänglich. Doch schon dort seid ihr vor den dunklen Hierarchien geschützt. So nah bei Gott halten sie sich nicht auf, hier können sie nicht stören.

Ihr aber könnt den Himmel erreichen, weil ihr in eurem innersten Kern Gottes Ebenbild und Gleichnis seid. Was eure seelische Substanz ausmacht, ist reines Licht und nicht etwa eine Mischung aus Licht und Dunkel. Gott hat bei eurer Erschaffung nicht etwas Dunkles in euch hineingesetzt. Sonst müsste man annehmen, es sei zuvor in ihm gewesen, ein absurder Gedanke. Das Dunkel befindet sich nicht in eurem Innersten – solche Lehren können schon aus logischen Gründen nicht wahr sein – sondern es wirkt von außen auf euch ein. Wenn ihr »in euch« geht, begegnet ihr dem Lichten.

3. Wenn ihr euch euren irdischen Aufgaben zuwendet, habt ihr aber die Erfahrung, dem Dunklen zu begegnen. Es beeinflusst eure Gedanken, Gefühle und Taten. Es befindet sich in der so genannten Zwischenschicht zwischen Himmel und Erde, und

das heißt auch: zwischen innen und außen. Wenn ihr nicht tief genug in euch hineintaucht, sondern zwischen außen und innen hängen bleibt, dann seid ihr in der Zwischenschicht, dann bleibt ihr den Gedanken und Gefühlen verhaftet, mit denen die dunklen Hierarchien euer Bewusstsein so gern trüben wollen.

Darauf spielt die Bibelstelle an: »Eure Rede sei ›ja, ja, nein, nein‹.« Das heißt: Meidet die Zwischenzustände des Niemandslandes, des Unentschlossenen, Vordergründigen, Oberflächlichen, Kompromisshaften. Da seid ihr weder Fisch noch Fleisch, da sagt ihr »ja, aber« oder »ja mit Vorbehalt und Rückzieher«. Ihr lächelt zwar, eigentlich aber nicht, ihr macht zwar mit, aber doch nur halb, ihr entscheidet euch weder für noch gegen und seid dann ein gefundenes Fressen für die dunklen Hierarchien. Denn im Endeffekt läuft die Halbheit auf ein »Nein« hinaus.

Ihr kennt doch die alte Lehre: »Zweifle nicht« und haltet sie für eine Zumutung, weil ihr das Zweifeln für eine Errungenschaft des Modernseins, des Aufgeklärtseins, des Erwachsenseins haltet. Das wäre in Ordnung, wenn ihr unter Zweifeln verstündet: Fragen stellen und Antworten suchen. Im Allgemeinen heißt »zweifeln« aber nur: in Frage stellen. Der Zweifler will gar keine Antworten hören. Er ist entschieden, im Zwischenland der Fragwürdigkeit zu bleiben. Er will »hinterfragen«, ohne wirklich zu fragen. Das wird sehr, sehr oft zu einer Lebenshaltung.

In Frage stellen und fragen ist zweierlei: Wer in Frage stellt, fragt nicht, und wer nicht fragt, kann nicht zur Wahrheit finden. Wer fragt, der sucht, und »wer sucht, der findet.« (Mt. 7,8, Luk. 11,10). Paradoxerweise zweifeln ja die am meisten, die meinen, alle Antworten zu haben. Zweifeln ist eine Methode, sich nicht mehr zu bewegen, beim Infragestellen stehen zu bleiben. Das klingt zwar gut und »modern«, ist aber bloß eng und töricht.

Fragt ruhig euer Leben lang, sucht nach Quellen, die Antwort versprechen, und wenn sie euch nicht ausreichen, sucht weiter nach zuverlässigeren Quellen. Nach der Frage haltet inne und nehmt euch Zeit, die Antworten zu hören, sie im Herzen zu bewegen, sie auch praktisch zu leben, sodass ihr einschätzen könnt, ob sie euch ausreichen. Wenn sie euch nach einiger Zeit nicht mehr ausreichen, seid bereit, neu zu fragen.

Öffnet euch auch den Wissenschaften. Wissenschaft ist nur dann gefährlich, wenn zu wenig davon da ist, wenn sie vorläufige Teilergebnisse für endgültige hält. Wer wirklich Wissenschaftler ist, mit ganzer Hingabe, mit wissenschaftlicher Offenheit, Leidenschaft und Begeisterung, der hat einen der sichersten Wege zu Gott betreten. Er strebt mit jeder Faser seines Herzens nach Erkenntnis und gibt sich nicht zufrieden, solange er den Dingen nicht auf den Grund gekommen ist. Das kann er nicht sein, solange er Gott nicht gefunden hat. Er hört nicht auf zu fragen und Antworten zu suchen. Dieser Weg kann gar nicht zu etwas anderem führen als zu Gott.

Der Anschein, Wissenschaft führe von Gott ab, entsteht durch diejenigen, die ein bisschen Wissenschaftler sind, die nicht wahrhaben möchten, dass sie Anfänger sind. Man hat z.B. ein Buch geschrieben oder einen akademischen Titel erlangt oder ist durch irgendwelche Forschungen bekannt geworden. Das führt leicht zu der blasierten Meinung: Ich habe das schließlich studiert, ich »habe« das Wissen, habe alles Wesentliche erfasst und weiß jetzt, worauf es ankommt, das war's.

Das ist natürlich menschlich; man bleibt gern im Hauptstrom der gerade herrschenden Schulmeinung, weil man nicht am Rand der Gesellschaft stehen will. Aber damit ist man in einem nicht so lichten Zwischenreich gelandet. Solche Leute führt der Weg des Wissenschaftlers vielleicht erst nach vielen Erdenleben zu Gott.

4. Der schnellere und bessere Weg wäre, erstens, für die Wahrheit offen zu bleiben, zweitens, zu dieser dann aus ganzem Herzen »ja« zu sagen. Damit ihr ganz sichergeht, haltet euch grundsätzlich immer und ausschließlich an das höchst Mögliche, gebt euch nicht mit weniger zufrieden. Das bedeutet letztlich: richtet euch auf die Trinität aus. Welcher Meister oder Lehrer, Freund oder Helfer euch zur Seite stehen mag: solange er euch nicht auf die Trinität ausrichtet, kann er euch immer nur ein Stück des Weges weiterhelfen, dann aber nicht mehr; er kommt und geht. Ich bitte euch: gebt euch diese Sicherheit, bindet euch ausschließlich an die Trinität: den himmlischen Vater, die himmlische Mutter, den himmlischen Sohn und den von ihnen ausgehenden Heiligen Geist.

Gebt euch auch nicht mit den Engeln zufrieden. Sie sind Boten, sind Freunde, Helfer, Vermittler, Aufklärer, aber nicht Ziel eures Trachtens, nicht Gegenstand eurer Anbetung. Sie begleiten euch auf euren Wegen. Ihr Menschen aber seid dazu geschaffen, die Bewegung vom Himmel zur Erde und von der Erde zum Himmel zu vollziehen, den Glanz des Himmels auf die Erde zu bringen und das Dunkel zu erleuchten, zu überzeugen und zu verwandeln. Daran denkt bitte, wenn ihr betet: »Dein Wille geschehe wie im Himmel so auf Erden.«

Unser tägliches Brot gib uns heute.

1. »Brot« meint hier nicht nur Brot, sondern alles, was ihr zum Leben braucht: zunächst Nahrung und Wasser in ausreichender Menge, sodass ihr nicht verhungert und verdurstet. Diese Bitte macht auch für diejenigen Sinn, deren Auskommen gesichert scheint. Denn ihr sagt ja »unser« Brot, d.h. ihr bittet nicht nur für euch selbst, sondern auch und gerade für die, die nicht genug zu essen und zu trinken haben: Ihre Not ist »unsere« Not.

Auch hier enthält die Bitte zugleich ein Versprechen. Ihr Sinn kann ja nicht sein: »Kümmere Du Dich, wir legen derweil die Hände in den Schoß«, sondern: »Wir wollen helfen, dass alle ihr Brot haben, aber wir bedürfen Deines Segens, damit alles gedeiht und Früchte bringt.« Das Versprechen richtet sich also auch auf euer politisches Engagement für eine Welt, in der die Grundbedürfnisse aller befriedigt sein können. Wie ihr das gestaltet, liegt in eurer Vernunft und Verantwortung. Der Himmel respektiert den ganzen Fächer eurer Erfahrungen, Meinungen und Konzepte, vorausgesetzt, sie sind darauf gerichtet, dass niemand sein tägliches Brot entbehren muss. Das Versprechen erfüllt ihr auch im konkreten sozialen Engagement, durch persönliche Hilfe in der Not, durch Spendenbereitschaft oder z.B. durch die Patenschaft für ein hungerndes Kind oder durch die Mitwirkung an der kommunalen Patenschaft für ein Not leidendes Gebiet oder ähnliches.

2. Doch der Mensch braucht auch Nahrung für den Geist und die Seele: liebevolle Zuneigung, Freundschaft, Dankbarkeit, Anerkennung, Beziehungen, nährende Worte, die er hört oder liest. All das ist in dem Wort »Brot« mit umfasst. Ihr bittet also: Gib allen Menschen das, was sie brauchen, und versprecht, nach euren Kräften dazu beizutragen, dass sie es bekommen. – Doch

auch damit ist der Sinngehalt dieser Bitte noch nicht ausgeschöpft.

3. »Unser tägliches Brot gib uns heute« heißt auch: »Lass uns auch heute in unserer Inneren Kirche die Kommunion empfangen.« Das geschieht zwar ohnehin, denn es ist für eure Seele lebensnotwendig. Ihr bringt aber eure Dankbarkeit dafür zum Ausdruck und bittet darum, dass es weiterhin geschieht, auch wenn euch das nicht bewusst ist. Im Unterbewussten schwingt diese Bitte immer mit. Lasst mich das ein wenig erläutern.

Eure Seele ist zwar nicht materiell, aber sie ist auch nicht nichts. Sie ist vielmehr ein ganz feines, unsichtbares, feinstoffliches Geistgewebe, bestehend aus euren Innenräumen. Sie lebte vor eurer Erdinkarnation, und sie wird nach eurem Sterben weiterleben.[37]

»Seele« ist also nicht ein abstrakter Begriff, sie ist tatsächlich »etwas«. Sie existiert ganz real als ein Geschöpf des Vaters. Deshalb braucht sie Nahrung, sonst hungert sie, wird schwach, matt und müde, kann das Lichte nicht mehr richtig aufnehmen und ausstrahlen. Die Kommunion stillt ihren Hunger nach dem Einssein mit dem Sohn und dadurch mittelbar mit der ganzen Trinität.

In der äußeren Kirche wandelt der Priester Brot und Wein in Leib und Blut Christi. Bei der Kommunion in der Inneren Kirche hingegen empfängt die Seele ohne die Anknüpfung an materielle Dinge (Brot und Wein) das, was Christus ausmacht, seine Substanz, d.h. seine Lebendigkeit, Kraft, Klarheit und Schönheit. Das ist die Nahrung, die die Seele nicht entbehren kann.

Die Kommunion ist auch in der Außenwelt nicht nur ein symbolischer Akt zum Gedächtnis an das letzte Abendmahl Jesu. Vielmehr nehmt ihr ganz real Christus in euch auf, um die Seele damit zu speisen, um den Christus in euch in starker, schöner Lebendigkeit erstrahlen zu lassen. Und da Christus, der Sohn Gottes, zur Trinität gehört, nehmt ihr sozusagen ein Stück Trinität in euch auf. Gewiss: diese lebt ohnehin in euch. Aber indem ihr die Kommunion empfangt, vollzieht ihr einen Akt der

37 Alexa Kriele: *Mit den Engeln über die Schwelle zum Jenseits.* Kailash 2004, S. 49ff.

Vergegenwärtigung, der Verlebendigung, der Bewusstmachung, der Kräftigung. Das geschieht auch dann, wenn ihr meinen solltet: Brot und Wein »sind« nicht Leib und Blut Christi, sondern »bedeuten« es bloß. Sie *sind* es, auch wenn euch das nicht bewusst ist, selbst wenn der Priester nicht weiß, dass er tatsächlich eine Wandlung vollzogen hat.

Da nun aber so viele Menschen an diesem Akt der Kommunion nicht teilhaben, hilft sich die Seele und sorgt dafür, dass ihr die lebenswichtige Nahrung nicht vorenthalten bleibt. Auf der biologischen Ebene kennt ihr den Selbsterhaltungstrieb. Auf der seelischen Ebene gibt es das auch. Da findet die erforderliche Minimalversorgung im Schlafe statt. Ihr tretet in eure Innere Kirche ein und empfangt dort die Kommunion. Das ist einer der Gründe, weshalb euer Schlaf so notwendig ist.

Im Schlaf kann geschehen, was im Wachzustand der Verstand vielleicht ablehnen und unterbinden würde. Die Kommunion findet also statt, ohne dass ihr davon wisst und unabhängig davon, welchen Glaubens ihr seid, wie ihr erzogen seid, in welchen Kulturkreis ihr hineingeboren seid, auch dann, wenn ihr entschiedene Atheisten seid. Die Seele weiß in ihren nicht bewussten Tiefenregionen, dass die Kommunion lebensnotwendig ist. Sie braucht alltäglich oder allnächtlich diesen Moment der Einswerdung mit dem Sohn und dadurch mittelbar ihrem Schöpfer. Sie braucht ihn, damit sie in ihrem Körper weiterleben kann, auch wenn ihr bewusster Verstand vielleicht Gott und alle Religion ablehnt. Auch ein euch nicht bewusster Wunsch der Seele ist ein kraftvoll vorhandener Wunsch.

Ihr sprecht das Vater-unser nicht nur mit eurem Verstandesbewusstsein. Ihr sprecht es im innigsten Vertrauen aus der Tiefe eures Herzens heraus. So kann eure Seele flehen: »Bitte lass es weiterhin geschehen, dass wir Nacht für Nacht diesen Moment des Einswerdens erleben.«

4. Je bewusster ihr die Kommunion in den äußeren Kirchen erlebt, desto größer wird die Chance, dass ihr eines Tages auch die Kommunion in der Inneren Kirche bewusst miterleben könnt. Und je bewusster ihr die Kommunion empfangt, desto wirksamer ist sie, d.h. desto kraftvoller, schöner, lebendiger kann die Ausstrahlung des Christus, den ihr empfangen habt, werden.

Deshalb sage ich euch noch etwas zum Hintergrund der kirchlichen Kommunion.

Ihr feiert nicht nur das Gedächtnis an Jesu letztes Abendmahl, ihr habt tatsächlich an ihm teil. Das klingt zunächst seltsam, denn das Geschehen liegt ja 2000 Jahre zurück. Ja, aber das Leben Jesu wird ständig in der geistigen Welt durchgelebt, es ist jederzeit präsent und gegenwärtig. Ihr könnt sein gesamtes Leben immer und überall überschauen, ihr könnt euch hineinflechten und anbinden.

Eure Vorstellungen von Raum und Zeit gelten nur für die materielle, nicht für die geistige Welt. Wenn ihr sagt: »das Leben Jesu ist mir gegenwärtig«, so meint ihr meist nur: ich habe gelernt, wie es verlaufen ist und stelle es mir in der Erinnerung vor Augen. Es ist aber ganz real »gegenwärtig«. Immerzu und überall, jetzt und hier ist Gründonnerstag, ebenso wie Weihnachten, Ostern, Pfingsten usw. Nur deshalb kann auch rund um die Welt zu jeder Tages- und Nachtzeit die Messe gefeiert werden. Sie könnte gar nicht gefeiert werden, wenn es diese ständige Präsenz nicht gäbe.

Wie könnte sonst die Wandlung stattfinden? Der Priester kann sie nur vollziehen, weil die Abendmahlszene immer und überall Gegenwart ist. Ihr könnt euch einklinken, ihr könnt teilnehmen. Viele nehmen nicht teil, weil sie diese oder jene kritischen Einwände gegen die Kirche haben, vielleicht sogar berechtigte. Sie sind aber alle nicht so wichtig wie die Teilhabe an der Kommunion auch im äußeren Leben. Die Kommunion ist ein Geschenk. Um sich vom Himmel beschenken zu lassen, bedarf es nichts weiter als einer inneren Haltung der Sammlung und der Dankbarkeit.

Dazu ist es hilfreich, sich die Abendmahlszene möglichst plastisch und bildhaft vor die inneren Augen zu stellen: Jesus in der Mitte, die Jünger um ihn herum. Ihr kennt ja die Schilderung der Evangelien, ihr kennt auch verschiedene Gemälde großer Meister. Wählt euch das Bild aus, das euch am innigsten anspricht. Dem Himmel ist nicht wichtig, dass es historisch originalgetreu ist.

Wenn ihr es aber originalgetreu wollt, dann stellt euch die Situation so vor: Der Raum ist schlicht und schmucklos, der Fußboden aus hart getretenem Lehm und mit Steinen ausgelegt.

Mehrere Tische sind in Hufeisenform aneinander gestellt. Sie sind sehr niedrig, etwa in Sesselhöhe, es sind kleine Podestchen. Man sitzt also nicht zu Tisch, wie ihr das gewohnt seid, sondern es wird, leicht aufgestützt, halb gesessen, halb gelegen, und zwar einseitig an der äußeren Seite des Hufeisens. In dessen Mitte seht ihr den Herrn, die Jünger gruppieren sich rechts und links von ihm, alle in der damals üblichen schlichten Kleidung.

Die Frauen, die zum Kreis um Jesus gehörten, auch Maria, aßen in einem Nebenzimmer, aber sie erschienen, um zu bedienen und später, um an der Kommunion teilzuhaben. Regt euch nicht auf: so war es üblich, die Frauen hatten kein Problem damit, und jetzt geht es nicht um Diskussion, sondern um ein realistisches Bild der damaligen Situation.

Ihr seht die Szene nicht statisch wie ein Gemälde, sondern in Bewegung. Ihr hört Gesprächsfetzen, das Klingen der Kelche, das Knacken der Rinde beim Brechen des Brotes. Ihr spürt die zwiespältige Stimmung im Raum: einerseits ein normales Abendmahl, andererseits schwant allen ein nahendes Unheil.

Wenn ihr euch das möglichst lebendig vor Augen gestellt habt, sagt euch: Was damals geschah, geschieht ständig außerhalb von Raum und Zeit, es geschieht auch hier und jetzt. Also könnt ihr hinzutreten und teilnehmen. Das Vergangene ist zwar festgelegt, das Gegenwärtige aber nicht. Ihr kommt hinzu und bittet, an dem, was jetzt geschehen soll, teilnehmen zu dürfen, und Jesus wird euch freundlich willkommen heißen. Denkt euch nicht in historische Gewänder hinein, überlegt euch nicht, wer und was ihr damals gewesen sein könntet. Es geschieht ja jetzt, also bleibt, wie ihr seid und in eurer jetzigen Kleidung.

Dann kommt der Moment, wo der Herr das Brot, eine Art Fladenbrot, bricht und dann den Kelch in die Hände nimmt und jeweils sagt: »Das ist mein Leib« und »das ist mein Blut«. Dann reicht er beides jedem einzelnen Anwesenden persönlich. Er lässt also Brot und Wein nicht einfach herumgehen und jeder nimmt sich davon, sondern es geschieht so, wie es in der Kirche richtig gehandhabt wird, wenn der Priester in Stellvertreterfunktion Brot und Wein an jeden einzeln austeilt.

Schaut, wie der Herr euch anblickt, wenn ihr an der Reihe seid. Vielleicht sagt er euch etwas mit den Augen, vielleicht sagt er euch etwas in Worten. Wendet er sich dann dem Nächsten zu, lasst ihr das Geschehen in euch nachklingen. Dann könnt ihr, wenn ihr wollt, wieder an den Platz gehen, wo ihr standet oder saßet, ehe ihr diese Übung begonnen habt.

5. Da mag euch ein beklemmendes Gefühl überkommen: »Dies ist der engste Kreis um Jesus, da gehöre ich eigentlich nicht hinein. Bestenfalls könnte ich mir denken, zu den Tausend zu gehören, die bei den großen Versammlungen, Predigten, Speisungen anwesend sein durften. Zumindest sollte ich mich reinigen, ehe ich an den Tisch trete, nicht nur äußerlich, sondern auch innerlich, d.h. ich sollte manches, was mich bedrückt, vorher noch aussprechen.« Das mögt ihr zusammenfassen in der Formel: »Herr, ich bin nicht würdig.« Der Herr wird ein Wort sprechen, und eure Seele wird gesund.

Er wird euch einladen. Denkt doch nicht, er würde jemals irgendwen von der Teilnahme am Abendmahl ausschließen, der sie wünscht. Auch in der historischen Situation hat er niemanden ausgeschlossen, auch Judas nicht, er hat auch ihm Brot und Wein gereicht. Er hat weder geschaut, ob alle saubere Hände hatten, noch ob einer von Schuld und Zweifeln bedrückt war.

Die Kirche pflegt die Teilnahme an der Kommunion an Bedingungen zu knüpfen. Das hat Gründe, die verständlich sein mögen. Ob sie auch berechtigt sind, ist jetzt nicht zu diskutieren. Jedenfalls sollt ihr wissen: Der Herr selbst weist niemanden ab, der diese Vereinigung mit ihm wünscht, er mag noch so unwürdig sein. Er gewährt euch diesen Moment innigster Vereinigung mit ihm, dem Sohn, eurem Bruder, und dadurch mittelbar mit der ganzen Trinität.

Gleichwohl werdet ihr euch vielleicht einen bescheidenen Platz suchen, weil ihr euch sagt, dass das stimmig wäre. Ihr sollt euch nicht kleiner machen, als ihr seid, aber ihr werdet euch vielleicht ganz am Ende des Hufeisens anreihen wollen oder euch zu den bedienenden Frauen gesellen. Vielleicht ist eure Beziehung zum Herrn aber auch so herzlich, dass ihr wagt, ganz in seiner Nähe Platz zu nehmen. Oder ihr seid unbefangen wie ein Kind und sagt: »Hallo du, bekomme ich auch etwas?« Oder ihr habt eine besonders enge Beziehung zu einem der Jünger und habt ihn gebeten, euch mitzubringen. Das alles ist gestattet, ist gleich gut, und alle Teilnehmer sind gleichberechtigt.

6. Das Wissen um diese Tatsache wird euch nicht von dem Bedürfnis befreien, euch ein wenig würdiger zu machen, euch sozusagen vor dem Abendmahl »die Hände zu waschen«, auch im übertragenen Sinn. Schaut euch eure Hände an und fragt euch: Was haben sie heute bewerkstelligt? Warum waren sie vielleicht grob statt zärtlich? Blieben sie in den Hosentaschen, statt hilfreich zuzugreifen? Blickt auf eure Füße: Waren sie euch zu schwer, der Weg zu weit, wo ihr etwas Gutes hättet tun können?

Denkt an euren Kopf: Wie viele Minuten habt ihr damit verbracht, euch Vorwürfe oder Rechtfertigungen zurechtzulegen, Kampfespläne zu schmieden, Vorurteile, Vorbehalte, Ängste hin und her zu bewegen? Dabei hätte euer Verstand so viel Schönes, Hilfreiches, Wunderbares denken, erinnern, weitergeben können!

Und was hat euer Mund alles von sich gegeben, wo er besser geschwiegen hätte oder umgekehrt: wo habt ihr euch lieber auf die Zunge gebissen als um Vergebung zu bitten oder ein Wort des Lobes oder der Verzeihung zu sagen? Blieben die Lippen verkniffen oder habt ihr gelächelt und freundliche Stimmung verbreitet?

Wendet die Formel »ich bin nicht würdig« auch einmal auf euren Körper und seine Organe an. Seid ihr eurer Füße und Hände, eures Mundes und eures Gehirns eigentlich würdig, was habt ihr ihnen zugemutet? Solltet ihr sie nicht um Verzeihung bitten? Sie sind von Gott gegebene Instrumente eures Ich, d.h. des Selbstbewusstseins eurer Seele.

Dieses Ichbewusstsein habt ihr für die Dauer eures Erdenlebens im Gehirn platziert. Das Gehirn funktioniert, weil dieser Bewohner in ihm agiert. Dort ist es aber nur zu Gast. Wenn ihr schlaft, zieht es sich in die Innere Kirche zurück. Dort ist es ja zu Hause. Dort lebt es auch, wenn ihr den Körper endgültig verlassen werdet. Dann werdet ihr euch fragen: War mein Leben wirklich zum Heil der Welt, so wie ich mir es vorgenommen hatte? Ihr könnt euch aber auch jetzt schon fragen: Bin ich bislang mit dem Körper, der mir anvertraut ist und den ich bewohne, würdig umgegangen?

Diese Frage solltet ihr euch stellen, ehe ihr in der Kirche zur Kommunion geht. Könnt ihr sie nicht bejahen, so solltet ihr euch das bewusst machen und dem Herrn zudenken: »Es tut mir

Leid.« Das ist der Akt des »Händewaschens« vor dem Abendmahl. Wenn ihr dann zögert und innerlich sagt: »Herr, ich bin nicht würdig«, dann wird er euch liebevoll anblicken und sagen: »Komm her, ich schließe dich nicht aus!«

7. Habt ihr dazu Fragen?

Warum reicht der Herr Wein und nicht Wasser?

Weil die Wirkung des im Wein vorhandenen Wassers eine andere, stärkere ist. Gewiss: Wasser ist lebenserhaltend und hat eine reinigende und heilende Kraft. Der gewandelte Wein aber ist potenziertes Wasser, in dem der Herr anwesend ist. Nicht ohne Grund war seine erste Wundertat die Verwandlung von Wasser in Wein bei der Hochzeit zu Kana. Es lag jetzt sein Segen auf dem gewandelten Wasser, es war erfüllt von der Kraft des Herrn. Und das Blut ist der noch mal potenzierte Wein, es ist erfüllt von der Lebenskraft, der Wärme, dem Feuer aus dem Herzen des Herrn.

Wenn der Priester der Gemeinde nur das Brot reicht, aber keinen Wein, ist dann die Wirkung dieselbe?

Nein, das ist nicht korrekt. Man tut das aus verständlichen Gründen, man will Ansteckungen vermeiden. Aber es gibt verschiedene Möglichkeiten, den Wein zu reichen, ohne die Erfordernisse der Hygiene zu verletzen, z.B. indem der Priester das Brot in den Wein taucht und dann reicht. Dazu wurde euch an anderer Stelle schon das Nötige gesagt.[38]

Ich will aber noch ein Wort hinzufügen. Brot und Wein verkörpern zwei verschiedene, einander ergänzende Prinzipien. Im Brot empfangt ihr das Prinzip der Stabilität: Hier stehe ich, ich bin verlässlich, lasse mich auf mein Versprechen festnageln, niemand wird mich auch nur einen Zentimeter woandershin rücken. Auf der körperlichen Ebene entspricht dem das Knochengerüst mit Muskeln, Sehnen und Haut.

38 Alexa Kriele: *Wie im Himmel so auf Erden. Die Botschaft der Engel.* Band 3, Kailash 2005, S. 145ff.

Im Wein empfangt ihr das Prinzip des Prozesshaften, des Unterwegsseins: Ich komme mit, schreite auf das Ziel zu, bin beweglich und im Fluss, immer offen für Neues, ich bleibe vital, voller Lebensmut und verströme mich; das Leben ist eine große Reise. Auf der körperlichen Ebene entspricht dem die Bewegung des Blutes, das den Sauerstoff des Atems transportiert.

Ihr braucht beides. Deshalb hat der Herr nicht nur Brot gereicht, sondern Brot und Wein. Er wusste, was er tat und warum er es so und nicht anders tat. Die Kirche sollte es ihm nachtun und die Wirkung nicht unterschätzen. Der Glaube der Christen würde enorm an Lebendigkeit und Vitalität gewinnen.

Warum heißt es dann im Vater-unser: »Unser tägliches Brot gib uns heute«?

Mit dem Wort »Brot« ist ja nicht einfach nur Brot gemeint. Es ist eine Kurzformel, die für Lebensmittel im weitesten Sinn des Wortes steht: für das, was ihr zum Leben und zur Lebendigkeit braucht, und wurde auch immer so verstanden. Ihr braucht z.B. auch Wasser, Kleidung, Wohnung, aber auch vieles auf der geistigen und der seelischen Ebene, und eben auch die Kommunion in Brot und Wein.

Können wir die Kommunion in der Inneren Kirche nur im Schlaf empfangen, oder geht es auch im Wachzustand?

Es geht auch im Wachzustand, bedarf dann allerdings eines hohen Maßes an Konzentration, Willen, Disziplin und geistiger Arbeit. Ohne diese geht es nicht. Versucht dennoch, täglich einmal in eure Innere Kirche zu gehen und darum zu bitten, dass ihr dort die Kommunion in nicht-materieller, geistiger Form empfangt.

Ersetzt das dann den Besuch der Messe?

Ich empfehle euch, das eine und das andere zu tun. Überfordert euch nicht und denkt nicht: Wenn es auch ohne Priester geht, brauche ich die Kirche nicht. Ich rate euch: Geht regelmäßig zur Messe. Damit stellt ihr euch in den Zusammenhang der großen

Gemeinschaft in Vergangenheit, Gegenwart und Zukunft. Darüber hinaus tragt ihr aber auch dazu bei, die dunklen Hierarchien auf Dauer zu überzeugen und zu erlösen. Sie reagieren stärker auf die Dinge, die im Äußeren ablaufen.

Die Doppelgänger sehen es äußerst ungern, wenn der Mensch, dem sie zugeordnet sind, sonntags zur Kirche geht. Sie fühlen sich dort fremd und unwohl, bleiben etwas zurück und müssen zusehen, wie ihr Mensch vortritt und sich in diese Handlung hineinbegibt. Sie hatten gehofft, ihn dazu zu kriegen, dass er im Bett liegen bleibt, aber er hat sich ihren Einflüssen entzogen. Das ärgert sie zwar, aber es beeindruckt sie auch, wie eben die Haltung der dunklen Hierarchien so ist. Sie erleben, dass ihr euch von ihnen unabhängig macht, dass ihr dafür gute Gründe habt. Mit der Zeit werden sie nach einigem Hin und Her einsehen, dass eure Denk- und Lebensweise eigentlich viel schöner ist als die ihre.

Verzichtet also möglichst nicht auf die Teilhabe an der Gemeinschaft, aber unterlasst dennoch nicht den Versuch, die Kommunion in der Inneren Kirche im Wachzustand zu empfangen. Ich möchte euch herzlich bitten, dass ihr euch das zur Gewohnheit macht. Ihr werdet sehen, was für Erfahrungen ihr damit macht, was sich in eurem Leben ändert. Es wird spannend sein, und ich wünsche euch dabei viel Freude.

Und vergib uns unsere Schuld,

1. Ist es denkbar, dass der Vater eine Bitte um Vergebung zurückweist, dass er irgendetwas nicht vergibt? Denkt an Jesu Gleichnis vom verlorenen Sohn (Luk. 15,11–32). Er hatte es schlimm getrieben, und als er heimkehrte, bekannte er: »Vater, ich habe gesündigt gegen den Himmel und vor Dir. Ich bin nicht mehr wert, Dein Sohn zu heißen.« Doch der Vater empfing ihn mit offenen Armen und veranstaltete ein Fest, denn: »Er war tot und ist wieder lebendig geworden, er war verloren und ist wiedergefunden.«

Sündigen heißt: sich von Gott abwenden. Worauf es ankommt, ist die Wiederzuwendung und das Bekenntnis der Schuld, dann nimmt der Vater den verloren Gewesenen an sein Herz. Das gilt nicht nur für Menschen, es gilt auch für die dunklen Wesen, die gefallenen Engel. Sobald einer von ihnen umkehrt und spricht: »Vater, hier bin ich«, wird er sofort wieder in die Reihen der lichten Hierarchien aufgenommen. Das ist wichtig zu wissen. Denn die dunklen Hierarchien haben Tumult und Leid von ungeheuerlichem Ausmaß angerichtet. Wenn ihr Schuld auf euch ladet, tut ihr es unter ihrem Einfluss. Nimmt er die heimkehrenden Anstifter eurer Schuld in seine Arme, so wird er euch erst recht nicht abweisen.

Indem ihr sprecht »vergib uns *unsere* Schuld«, legt ihr schon ein Schuldbekenntnis ab. Es schwingt ja mit: »Ich trage Schuld, ich habe gesündigt, vergib mir.« Habt ihr wirklich Angst, dass der Vater sagen könnte: »Hinaus mit dir! Du hast mich zu arg verletzt. Du bist zu weit gegangen«? Ihr braucht diese Angst nicht zu haben.

2. Noch etwas lehrt euch Jesus im Gleichnis vom verlorenen Sohn. Der Vater ist nicht eingeschritten, er wartete ab. Er war sich

gewiss: Irgendwann wird der Sohn wiederkommen, und zwar freiwillig, von sich aus, nicht unter Zwang oder Drohung. Indem er seinen Weg geht, macht er seine Erfahrungen und lernt, dass er in der Abwendung vom Vater das gesuchte Glück nicht finden kann, dass er Illusionen nachjagt, dass ihn das Heimweh überwältigt, dass er Umwege macht, die ihn zur Heimkehr führen.

Es ist völlig ausgeschlossen, dass irgendein Teil der Schöpfung nicht letztlich zum Vater zurückkehren wird. Eine endgültige Sünde, d.h. eine endgültige Absonderung vom Herrn gibt es nicht. Der Funke des Heimwehs wird irgendwann einmal zur Flamme werden, d.h. zu Erkenntnis, Reue und Umkehr führen. Und dann wird die Sünde vergeben sein. Eine Sünde, die prinzipiell nicht vergeben werden kann, gibt es nicht, es kann sie gar nicht geben. Die Lehre, es könne sie geben, mag dazu dienen, euch zu erschrecken und zur Gottesfurcht zu erziehen. Aber das macht sie nicht wahr. Meine Aufgabe ist nicht, euch zu erschrecken und zu erziehen, sondern euch darüber aufzuklären, wie es wirklich ist.

3. Ihr habt Einwände?

Ja. Martin Luther war von der Frage umgetrieben: »Wie bekomme ich einen gnädigen Gott?« Das heißt doch: er war sich der Sündenvergebung nicht sicher.

Gewiss, aber auch er ging davon aus, dass sie zwar nicht gewährt wird, solange einer in der Abwendung von Gott verharrt, wohl aber, wenn er heimkehrt.

In der Prädestinationslehre, die vor allem Calvin vertrat, die aber auch in anderen Konfessionen verbreitet war und teilweise noch ist, nahm man an: Wer nicht zu den von vornherein Erwählten gehöre, habe keine Chance bei Gott.

Ach, bei so etwas könnte ich wirklich ungehalten werden, wenn ich nicht ein Engel wäre.

Der Katechismus der katholischen Kirche unterscheidet die Todsünde von den lässlichen Sünden.

Ja, aber er schließt die Vergebung selbst der Todsünde nicht aus, sondern appelliert an eure Freiheit der Entscheidung, auf die es ja tatsächlich ankommt.[39] Er betont im Übrigen die grenzenlose Barmherzigkeit Gottes und ermahnt euch, ihm das Urteil zu überlassen.[40]

Ihr haltet es doch nicht ernstlich mit der väterlichen Liebe Gottes für vereinbar, dass er dem, der bis zu seinem Sterben in der Todsünde verharrt, keine neuen Chancen eröffnet? Das kann in seinem Leben nach dem Sterben geschehen, aber auch in künftigen neuen Erdenleben. Davon will die Kirche zwar nichts wissen. Dazu will ich jetzt hier nichts weiter sagen, sondern euch nur die Frage stellen: Was haltet ihr für plausibler: Die Annahme einer ewigen Hölle oder die Annahme, dass der Schöpfer dem unbußfertig gestorbenen Todsünder neue Chancen gewährt?

Dürfen wir denn mit dem Katechismus so kritisch umgehen?

Ihr solltet ihn ernst nehmen und respektieren, er fasst schließlich die Lehre der Kirche zusammen, die in Bibel und Tradition begründet ist. Diese Lehre umfasst das Wichtigste, aber natürlich nicht alles. Mehr braucht ihr nicht zu wissen, wenn es euch nicht danach drängt. Und natürlich ist auch manches Menschliche, Zeitbedingte, Kompromisshafte oder Interpretationsbedürftige hineingeflossen.

Der Katechismus ist nicht insgesamt eine inspirierte Heilige Schrift, sondern die Frucht ernsthaften und wohlmeinenden theologischen Denkens, Diskutierens und Entscheidens. Vieles darin ist von wunderbarer Klarheit und Schönheit, es ist wirklich inspiriert, ist vollkommen wahr, es strömt ein köstlicher Duft davon aus. Andere Stellen riechen etwas muffig. Schaut mal, wie eine Stelle »riecht«. Und gebt Gott, was Gottes, und dem Kaiser, was des Kaisers ist.

39 »*Wenn* sie (die Todsünde) nicht durch Reue und göttliche Vergebung wieder gutgemacht wird, verursacht sie den Ausschluss aus dem Reiche Christi und den ewigen Tod in der Hölle, da es in der Macht unseres Willens steht, endgültige und unwiderrufliche Entscheidungen zu treffen.« (Katechismus Ziff. 1861) Und: »Verhärtung *kann* zur Unbußfertigkeit bis zum Tode und zum ewigen Verderben führen.« (Ziff. 1864)

40 ebenda (Ziff. 1861 und 1864).

Geht doch bitte davon aus, dass Gott die Liebe ist, und zwar ohne Einschränkung und Vorbehalt, dass er die Geduld hat, eine Heimkehr über sehr lange Zeiträume hinweg zu erwarten, und dass er sich der endgültigen Heimkehr der Schöpfung gewiss ist, und zwar der ganzen Schöpfung ohne Ausnahme. Wenn ihr das ernst nehmt, dann nehmt auch die Folgerung ernst, die sich daraus ergibt: Er wird auch den Todsünder nicht in eine ewige Hölle verbannen. Die Hölle ist ein Zustand, in den sich die menschliche Seele selbst versetzt und aus der sie sich heraussehnt. Der Vater wird ihr neue Chancen zur Heimkehr nicht verschließen.

4. Noch ein Drittes lehrt euch Jesus im Gleichnis vom verlorenen Sohn: Gott ist nicht nur der unendlich liebende, sondern auch der unendlich *weise* Vater. Er weiß alles. Er weiß auch *erstens,* wie es kommt, dass ihr in Sünde und Schuldverstrickung geratet, nämlich durch den Einfluss der dunklen Hierarchien. Er weiß *zweitens,* dass und warum ihr von eurer Freiheit letztendlich doch den rechten Gebrauch machen und heimkehren werdet.

Weil er das weiß, könnt ihr gar nicht in seine Ungnade fallen. Er hat euch vielmehr eure Sünden bereits vergeben, selbst ehe ihr sie überhaupt begangen habt.[41] Er wartet zwar auf eure Reue und Umkehr, aber nicht, um euch danach zu vergeben, sondern um die längst erfolgte Vergebung sozusagen zu aktualisieren, d.h. wirksam zu machen und euch spürbar werden zu lassen.

In Reue und Umkehr kommt zum Ausdruck, dass eure Seele das auch weiß. Sie zeigt die Bereitschaft, seine Vergebung anzunehmen und sich deshalb auch selbst zu vergeben. Denn ihr wollt es ja wohl nicht besser wissen als der Vater? Die *Selbstvergebung* entspringt dem Vertrauen in die vergebende väterliche Liebe. Sie steht also nicht in Widerspruch zu Reue und Umkehr, sondern ist deren Grundlage und Voraussetzung.

Reue bedeutet, dass ihr euch der Sünde schämt und dass sie euch aufrichtig Leid tut. Umkehr bedeutet die Zuwendung zum Vater und den freien Entschluss, es künftig besser zu machen. Reue und Umkehr bedeuten weder, dass ihr euch in Selbstvor-

41 Dazu: Alexa Kriele: *Mit den Engeln das Leben meistern,* Kailash 2003, S. 175ff.

würfen zerquält, noch dass ihr euch von der Angst vor göttlichen Strafen motivieren lasst. Ängstliches Flehen um Begnadigung ist nicht dasselbe wie Reue und Umkehr, sondern Ausdruck des Misstrauens und der Versuch, sich der Buße zu entziehen. Ohne das innere Wissen um die Vergebung des Vaters und ohne die Annahme seiner Vergebung in der Selbstvergebung lässt sich also gar nicht ernstlich von Reue und Umkehr sprechen.

In Reue und Umkehr wendet ihr euer Herz dem Herzen des Vaters zu, antwortet auf seine Liebe mit eurer Liebe, zeigt eure Dankbarkeit und euer Vertrauen. Wenn ihr sprecht: »Vergib uns unsere Schuld«, tut ihr das in der Gewissheit, dass euch der Vater an sein Herz nehmen und etwa sagen wird: Gut, dann nimm dir vor, künftig bessere Wege zu gehen.

5. Der Begriff »Schuld« ruft dramatische Vorstellungen hervor. Meist sind aber eher die kleinen Dinge die schwierigen. In den Normalfällen des Alltags beruht die Schuld auf Schwächen, Trägheiten, Überforderungen, Missverständnissen, Leichtfertigkeiten, auf Mangel an Klarheit und Selbstkontrolle. Nur in Ausnahmefällen beruht sie auf absichtlicher Böswilligkeit. Eine solche solltet ihr auch bei anderen nicht immer gleich vermuten. Seid vorsichtig damit und unterstellt bis zum Beweis des Gegenteils lieber, der andere habe sich aus weniger schwerwiegenden Motiven zu seinem Tun bestimmen lassen.

Die Methoden, mit denen die dunklen Hierarchien Unheil anrichten, sind sehr raffiniert. Die Versuche, euch zum ganz dunklen Bösen anzustiften, gibt es zwar, aber normalerweise kommen sie damit nicht weit. Sie sind sehr viel erfolgreicher mit ihren »grauen« Methoden. Sie verführen euch beispielsweise zu kleinen Lügen, die ihr für harmlos haltet, zu Oberflächlichkeit, Nichthinhören, Vorverurteilen, Mangel an Zeit und Mitgefühl. Solche »Kleinigkeiten« sind das Gift, das euch schwer macht, immer schwerer, je mehr sich im Laufe des Lebens anhäuft.

Wenn ihr in euren lichten Kern hineinhorcht, spürt ihr: das war nicht ich. Hätte ich das Lichte in mir wirken lassen, hätte ich es anders gemacht. Oft sagt ihr euch ja im Nachhinein: ich hätte da gerade eben mehr Geduld haben sollen, hätte zurücklächeln oder mich entschuldigen können oder so etwas. Wäre ich zentrierter gewesen, ganz an der lichten Welt orientiert, dann hätte ich mich nicht so verhalten. Ihr habt dann immer das Gefühl: es ist mir peinlich, ich schäme mich vor mir selbst.

In der *Scham* kommt ihr euch auf die Spur. Sie signalisiert, dass ihr hinter euch zurückgeblieben seid, dass ihr euch nicht so verhalten habt, wie ihr könntet, dass ihr nicht so wart, wie ihr eigentlich seid. In der Scham werdet ihr ganz ehrlich euch selbst gegenüber. Ihr erkennt: das war nicht eigentlich ich, aber ich war es eben doch. Ich habe Impulsen nachgegeben, die nicht aus meinem Innersten kamen, sondern aus unschönen Gewohnheiten, aus unbeherrschtem Temperament oder ähnlichen Dingen, die ihr an euch selbst nicht mögt.

Es geht nicht um Moral, nicht um Selbstvorwürfe und Selbstverurteilung. Die würden nur euer Selbstwertgefühl und euer Selbstvertrauen zerstören, aber nichts besser machen. Das will niemand im Himmel, und das könnt auch ihr selbst nicht wollen. Ebensowenig geht es um Rechtfertigung, Erklärung, Beschönigung usw. Es geht überhaupt nicht um Argumente, sondern um die aufrichtige Erkenntnis: Ich schäme mich der Hässlichkeit meiner eigenen Gestalt, in der ich mich da präsentiert habe.

6. Ihr wisst, was eurem innersten Sein und Wollen eigentlich entsprochen hätte. Das bedeutet, ihr habt ein *»Gewissen«*. Indem ihr in der Bitte: »Vergib uns unsere Schuld« ein Schuldbekenntnis ablegt, sprecht ihr nicht bloß eine Formel mit dem Vorbehalt: »falls mich irgendeine Schuld treffen sollte; ich finde zwar keine oder jedenfalls keine, die schwer wiegt und eines Bekenntnisses wert wäre. Solltest Du das anders sehen, vergib mir.«

In eurer Erdeninkarnation seid ihr fast nie ganz ihr selbst, weil ihr vom Doppelgänger begleitet seid, der euch ständig herausfordert. Seid ihr seinen Einflüssen erlegen, könnt ihr in euch gehen. Dann tut es euch Leid, und das ist es, was ihr dem Vater sagt.

Gibt es nicht aber Menschen, die gar kein Gewissen in diesem Sinn haben?

– *Erstens:* Alle Menschen haben ein Gewissen. Sie hören nur nicht immer darauf. Sie sind nicht gewohnt, in sich zu gehen, haben es nie gelernt oder nicht geübt.

- *Zweitens:* Die Frage, ob und wie weit andere auf ihr Gewissen hören, sollte euch überhaupt nicht interessieren. Sie geht euch nichts an, es ist deren Sache. Das Gewissen spricht stets nur ganz persönlich. Wendet eure Aufmerksamkeit dem eigenen Gewissen zu, nicht dem der anderen, sonst seid ihr schon wieder ein bisschen hinter euch zurückgeblieben.
- *Drittens:* Wenn jemand nicht auf sein Gewissen hört, ist das immer nur vorläufig. Es ist absehbar, wann es ihm nicht mehr möglich sein wird – vielleicht nicht für euch, aber für den Himmel. Irgendwann wird der verlorene Sohn nach Hause kommen und sagen: Vater, hier bin ich, ich habe Dir etwas zu bekennen.

Der Himmel wartet da ganz gelassen ab. Er hat sozusagen die besseren Nerven, weil er ja keine hat. Habt ihr beispielsweise Ärger mit den Nachbarn, befleißigt euch dieser Haltung und sagt euch: Noch hat er diesen Schritt nicht getan, aber er wird ihn tun, vielleicht nicht in diesem Leben, aber irgendwann ganz gewiss. Es braucht Geduld, Großmut, langen Atem.

Das ist für Menschen viel verlangt, da könnt ihr schon mal ausrasten und die Zentrierung verlieren. Das gibt euch dann Anlass, eure Aufmerksamkeit wieder dem eigenen Gewissen zuzuwenden.

7. Wenn ihr das Vater-unser nicht in der Gemeinde, sondern allein betet, dann habt ihr Zeit, nach der Bitte »Vergib uns unsere Schuld« einen Moment innezuhalten und dem Vater zu sagen, worin ihr eure Schuld im Einzelnen seht. Lasst es nicht bei dem abstrakten Schuldbekenntnis, sondern besinnt euch kurz und legt eine Beichte ab: »Vater, ich möchte dir ganz schnell etwas sagen, ich habe heute das und das gemacht und das tut mir Leid.«

Beichte ist die beste Therapie, die ihr euch vorstellen könnt. Beichten bedeutet nämlich, dass ihr eine Schwäche in euch loslasst und eurer Stärke eine Chance gebt. Ihr sagt, welcher Schwäche ihr erlegen seid, damit erlangt ihr die Stärke, einer ähnlichen Versuchung in Zukunft leichter zu widerstehen. Wenn ihr das täglich einmal tut, löst ihr euch mit der Zeit ein bisschen von euren Schwächen und gewinnt an Stärke.

Die dunklen Hierarchien werden euch einreden wollen, dass das Unsinn sei, dass es sowieso nichts hilft und dass ihr doch seht, wie der Zustand der Welt ist, wie z.B. eure Nachbarin ist und so fort. Das ist verständlich, weil ihr ihnen mit der Beichte ein Schnippchen schlagt. Ihr macht euch immer unangreifbarer für sie, wenn ihr immer alles gleich ausplappert. Ihr Gift kann nur wirken und sich anhäufen, wenn ihr endlich den Mund haltet. Durch die ins tägliche Vater-unser kurz eingeschobene Beichte verlieren sie viel von ihrer Macht.

wie auch wir vergeben unseren Schuldigern.

1. Dieser Halbsatz bedeutet nicht: Vergib uns, wenn auch wir vergeben. Er bedeutet auch nicht: Vergib uns in dem Maße, in dem wir vergeben. Es gibt weder ein Konditional- noch ein Proportionalverhältnis zwischen beiden Halbsätzen. Der Vater vergibt euch unbedingt und unbegrenzt, ja er hat euch schon vergeben. Ihr sagt mit diesem Halbsatz vielmehr: So wie du uns vergeben hast, wollen auch wir anderen vergeben. Ihr fügt der Bitte um Vergebung das *Versprechen der Vergebung* an.

Das ist leichter gesagt als getan. Es ist die Stelle im Vaterunser, die am schwierigsten zu leben ist, ja die euch wirklich überfordert. Denn so viel Geduld und Großmut wie der Vater kann ein Mensch nicht aufbringen. Gewiss, ihr vergebt manches. Doch je schwerer das erlittene Unrecht ist, desto schwerer wird euch die Vergebung fallen. Zudem seid ihr ständig den Einflüssen der dunklen Hierarchien ausgesetzt, die sie euch auszutreiben versucht. Ihr könnt es Gott nicht gleichtun, ihr könnt euch nur vornehmen, so vergebungsbereit zu werden, wie ihr es schaffen könnt.

Nun sagt aber nicht gleich: Zu vergeben, was mir angetan wurde, schaffe ich nicht, ich bin ja nur ein armer Mensch. Ihr könnt viel mehr schaffen, als ihr denkt. Ihr seid ja Gottes Ebenbild und Gleichnis. Macht noch einmal die Königsübung (s.o. S. 154f.), richtet euch aus der Sklavenhaltung in die Königshaltung auf. In dieser fragt euch dann: Kann ich nicht ein viel großmütigerer König sein als ich anfangs dachte? Kann ich nicht vielleicht doch bedenken, dass auch der andere in seinem Innersten Gottes Ebenbild und Gleichnis ist, dass auch er in das Spannungsfeld zwischen lichten und gefallenen Wesen gestellt ist, dass er den Einflüssen seines Doppelgängers erlag und dass ihm das Unrecht seines Tuns irgendwann bewusst werden wird?

2. Es gilt in diesem Zusammenhang zwei Missverständnisse zu vermeiden.

- *Erstens:* Vergeben bedeutet nicht Vergessen. Was euch oder anderen angetan wurde, könnt ihr nicht einfach aus der Erinnerung löschen, das geht nicht, das solltet ihr gar nicht versuchen.
  Die Frage ist vielmehr, in welche begleitenden Emotionen die Erinnerung eingebettet ist. Seid ihr noch verletzt, sind die Wunden noch nicht verheilt, dann wird die Erinnerung leicht von den alten Emotionen umhüllt sein: Zorn, Hass, Rache, Enttäuschung, Bitterkeit und dergleichen. Der Doppelgänger wird alles daransetzen, sie immer wieder aufkochen zu lassen. Die Erinnerung ist hingegen unschädlich, wenn es zu einer aufrichtigen Vergebung gekommen ist. Dann trägt sie ein lichtes Gewand der Großmut, der Milde, des Durchschauens und Verstehens der Zusammenhänge, der Versöhnung.
- *Zweitens:* Vergeben bedeutet nicht, das Unrecht hinnehmen, das euch oder anderen zugefügt wird. Ihr dürft nicht nur für das Recht anderer eintreten – was wärt ihr sonst für ein König? –, sondern auch für eure eigenen Rechte. Zumal wenn ihr in eurer Menschenwürde verletzt werdet, habt ihr nicht alles mit euch machen zu lassen, wie es beispielsweise die als Sklaven gefangenen und verkauften Afrikaner mitunter taten. Das wäre ein Missverständnis des christlichen Gebots der Feindesliebe. Es kommt nur darauf an, dass ihr in eurer Rechtsverteidigung oder in euren politischen Auseinandersetzungen keinen Schritt auf das Dunkel hin tut, sondern vollständig sachlich und lauter bleibt. »Vergeltet nicht Böses mit Bösem«, sondern überwindet »das Böse durch das Gute« (Röm. 12,17–21). Seid ihr selbst von einem Rechtsprozess betroffen, ist das leichter, wenn ihr nicht selbst streitet, sondern es andere für euch tun lasst.
  Vergeben ist dann ein Schritt über die Rechtsverteidigung hinaus. Um vergeben zu können, bedürft ihr einer gottähnlichen Haltung. Dazu seid ihr in der Lage, weil ihr ja Gottes Ebenbild und Gleichnis seid. In dieser Haltung seid ihr die Starken. Ihr wendet euch denen zu, die Unrecht getan haben,

habt sozusagen Gott im Rücken und vergebt wie er sogar dann, wenn der andere noch gar nicht darum gebeten hat.

3. Der Kunstgriff der dunklen Hierarchien ist, euch glauben zu machen, dass ihr nicht die Starken, sondern die Opfer seid: Ihr habt Gutes getan, euch für andere eingesetzt, ihnen vertraut, und die haben das ausgenutzt. Ihr fühlt euch nicht gewürdigt, nicht geachtet, missbraucht, verraten, hingehalten, getäuscht, angelogen, misshandelt, betrogen und so fort. Ganz schnell wird aus euch, den Starken, das Opfer.

Vergeben aber geht nicht aus der Opferhaltung, sondern nur aus der königlichen Haltung heraus. Deswegen rate ich zu folgender

Übung:

Ihr habt gerade gebetet: »Vergib uns unsere Schuld«, und habt eure Schuld ganz konkret benannt und gebeichtet. Ihr hattet den Vater vor euren inneren Augen, vielleicht auch die Mutter, ihr habt ihren liebevollen, vergebenden Blick wahrgenommen. Ihr habt ihre Vergebung angenommen und damit euch selbst vergeben. Jetzt ist euch leichter. Ihr habt gesehen, wie ihr geliebt werdet, deshalb könnt ihr euch auch selbst wieder schön und liebenswert finden.

Jetzt dreht euch um, wendet euch euren Schuldigern zu, stellt euch vor, wie sie vor euch treten. Vater und Mutter im Rücken geben euch die Kraft, ihnen in väterlicher oder mütterlicher Haltung zu begegnen, eine Entschuldigung von ihnen anzunehmen oder, wenn nichts dergleichen kommt, ihnen Zeit zu geben. Ihr habt ja jetzt so viel Zeit wie Vater und Mutter im Himmel, ihr habt Geduld, denn ihr wisst: Es ist schwierig für diese Menschen, aber irgendwann wird ihnen das Unrecht, das sie euch oder euren Schützlingen getan haben, Leid tun. Dann wird sich die Vergebung aktualisieren, die ihr jetzt schon im Herzen tragt.

Ich weiß, es überfordert den Menschen, sich auf sehr lange Zeiten einzustellen, ihr lebt ja nicht wie die himmlische Trinität in der Ewigkeit, sondern in der Gegenwart und näheren Zukunft.

Ihr könnt aber immerhin einmal versuchen, euch in diese Geduld hineinzufühlen, wenigstens für einen Augenblick. Lange werdet ihr das kaum durchhalten, aber wenn ihr es öfter übt, werden die Zeiträume immer länger werden. Das bedeutet dann zugleich: ihr werdet immer weiser, gelassener, gütiger.

Die dunklen Hierarchien werden das zu blockieren versuchen, indem sie euch einreden: »Es gibt keine Gerechtigkeit in der Welt, Gott ist ungerecht, die Schöpfung ist ungerecht, es ist überhaupt alles ungerecht von Anfang an.« Das ist ihre Masche. Wäre das wahr, wäre es sinnlos, sich um Gerechtigkeit zu bemühen. In Wirklichkeit geben sich viele Menschen alle Mühe, die Gerechtigkeit in der Welt zu vermehren. Sie haben oft auch Wesentliches erreicht. Wenn ihr gerecht sein wollt, solltet ihr das anerkennen.

Es stimmt zwar: es ist vorläufig noch nicht so gerecht wie es sein sollte, das bessert sich auch nicht so schnell wie erhofft, es geht überhaupt nicht in Zeiträumen, die ihr überblicken könnt. Es bedarf also sehr großer Geduld. Doch resigniert oder verzweifelt nicht: Es wird euch und anderen Gerechtigkeit widerfahren, wenn auch vielleicht nicht in diesem Leben. Letztlich gleichen sich die Dinge wieder aus, es wird immer zu einem Gespräch, zu einer Aussöhnung, zu einem Akt der Versöhnung kommen. Der verlorene Sohn kehrt irgendwann zum Vater zurück, das ist gewiss. Ebenso wird auch euer Schuldiger zu euch kommen, seine Schuld bekennen, um Entschuldigung bitten.

Wenn ihr diese Perspektive nicht aus den Augen verliert, braucht ihr nicht mehr als verbitterte Opfer durchs Leben zu gehen. Dann könnt ihr dem Vater vertrauensvoll eure Schuld beichten und werdet um vieles leichter werden. Dann habt ihr auch die Souveränität, eure Schuldiger von ihrer Schuld zu befreien, sodass auch sie leichter werden können. Und ihr werdet mit Erstaunen sehen, um wie viel leichter das Leben insgesamt für euch und für die Gemeinschaften wird, in denen ihr lebt.

Und führe uns nicht in Versuchung, sondern erlöse uns von dem Bösen.

1. Diesmal betrachten wir beide Satzhälften im Zusammenhang. Die erste Satzhälfte könnte, für sich allein genommen, arg missverstanden werden: als wäre es Gott, der euch in Versuchungen führt, und ihr bittet ihn, dies zu unterlassen. Ihr spürt schon: so kann das nicht gemeint sein. Vielen ist aber nicht klar, was wirklich gemeint ist. Sie gehen dann schnell über die Stelle hinweg und denken: was immer das heißen mag – es wird schon recht sein.

Häufig verwendet man auch eine andere Übersetzung: »Und führe uns in der Versuchung.« Die ist nicht falsch, drückt aber nur einen Teil des Gemeinten aus, nämlich: »Leite uns in der Versuchung so, dass wir wieder herausfinden.« Im aramäischen Originaltext hat Jesus euch aber nicht diese Formulierung gegeben. Die Übersetzung »und führe uns nicht in Versuchung« ist durchaus korrekt, und das muss seinen Grund haben.

Um euch den Sinn der ersten Satzhälfte zugänglicher zu machen, möchte ich ein wenig ausholen und zunächst etwas Grundsätzliches über das Böse und die Versuchung sagen.

2. Ihr wisst, wie das Böse in Gottes Schöpfung gekommen ist: Durch den Fall eines Teils der Engel.[42] Ihr wisst: diesen Fall hat Gott nicht gewollt. Er war aber möglich, weil die Freiheit ein Grundprinzip der Schöpfung ist. Es gibt keine Freiheit ohne die Möglichkeit des Missbrauchs. Gott hätte also den Fall nicht verhindern können, ohne das Prinzip der Freiheit aufzuheben. Damit aber hätte er sich zu sich selbst in Widerspruch gesetzt. Er hatte nach dem Fall nur zwei Möglichkeiten: Entweder den

42 Alexa Kriele: *Die Engel geben Antwort auf Fragen nach dem Sinn des Lebens.* Kailash 2002, S. 33ff.

Missbrauch der Freiheit und damit den Eintritt des Bösen in seine Schöpfung hinzunehmen, oder die ganze Schöpfung zurückzunehmen und eine neue zu schaffen.

Das hat er sogar ernstlich erwogen, dann aber davon Abstand genommen. Denn er hätte ja eine neue Schöpfung wiederum am Prinzip der Freiheit orientiert. Damit wäre sie demselben Risiko ausgesetzt gewesen. Er betrachtete seine Schöpfung mit liebevollem Blick und sah, dass sie nach wie vor gut war. Trotz des Eintritts des Bösen war sie noch immer wunderschön, zwar verletzt, aber nicht zerstört. Er war sich gewiss, dass die dunklen Mächte nach langen Umwegen den Weg zur freiwilligen Heimkehr finden würden.

Mutter und Sohn hatten ihm versprochen, alles zu tun, was nötig ist, damit schlussendlich alles wieder gut wird. Der Vater wusste auch: die gesamte Welt der nicht gefallenen Engel aller hierarchischen Stufen stellt sich in seinen Dienst, und sie ist den dunklen Mächten an Zahl und Kraft weit überlegen. Und er vertraute auf den Menschen, auf dessen Mitwirkung es entscheidend ankommt. Ihr seid ja in das Spannungsfeld zwischen Licht und Dunkel gestellt. Es gibt die Versuchung, weil die gefallenen Mächte auf euch einwirken. Der Vater wusste zwar: ihr werdet den vielfältigen Verwirrungen und Tricks der dunklen Mächte immer wieder erliegen, aber dabei auch eure Erfahrungen machen. Da ihr Gottes Ebenbild und Gleichnis seid, seid ihr im Innersten Licht und werdet mehr und mehr entdecken, wer ihr seid und was ihr im Grunde wirklich wollt. Damit habt ihr die Macht, auf Dauer sogar dunkle Mächte zu überzeugen.

Die dunklen Mächte sind nicht aus der Schöpfung gefallen, der Vater hat sie nicht aus ihr verwiesen, er hat ihnen nicht das Leben genommen. Sie leben nach wie vor aus seiner Lebendigkeit, auch sie sind ja seine Geschöpfe. Er hat sie auch nicht der Freiheit beraubt, die sie so arg missbrauchen. Sie haben sich zwar gegen ihn aufgelehnt, aber er bekämpft sie nicht, sucht nicht, sie zu vernichten, sondern lässt sie, wenn auch betrübten Herzens, gewähren und hält nach wie vor eine Hand über sie. Er wartet darauf, dass sie sich besinnen, dass sie sich selbst von der Abwegigkeit ihres Denkens und Wollens überzeugen.

Er weiß, dass einer nach dem anderen das tatsächlich tut. Nicht wenige haben schon wieder heimgefunden, andere beginnen bereits an sich zu zweifeln. Manche werden oft gerade deshalb besonders aggressiv, um so den Zweifel in sich niederzuringen. Es ist aber gewiss, dass sich Jahr um Jahr immer mehr von ihnen zur Rückkehr entschließen, in besonders großer Zahl an den Weihnachts- und den Kartagen, und dass sich ihr Rückstrom im Laufe der Jahrtausende sogar beschleunigen wird. Und Gott ist sich gewiss, dass am Ende die gesamte Schöpfung heimkehren wird – ohne Ausnahme.

Keiner wird zurückbleiben, ins Nichts fallen, sich selbst auslöschen. Denn sie sind so geschaffen, dass sie das letztlich gar nicht wollen können. Sie haben Freiheit, aber diese Freiheit ist ihnen von Gott gegeben. Sie kann zwar zur Auflehnung missbraucht werden, unmöglich aber zur Auflehnung gegen das Prinzip der Freiheit selbst. Diese Freiheit kann nur im Rahmen der Schöpfung bestehen, d.h. sie können nur innerhalb der Schöpfung wirken. Sie können also gar nichts anderes wollen, als dabei zu sein, wenn die Schöpfung zum Vater heimkehren wird. Sie wissen, dass es im Schoß des Vaters nichts Dunkles gibt noch geben kann. Also wollen sie wieder die lichten Wesen sein, die sie in ihrem Ursprung waren. Sie werden den Vater um Vergebung bitten, und er wird sie willkommen heißen wie der Vater im Gleichnis vom Verlorenen Sohn.

3. Für euch kommt es nun darauf an, dass ihr lernt, in angemessener Weise mit den dunklen Mächten umzugehen. Eine unangemessene Weise wäre der Versuch, die dunklen Mächte im Kampf niederringen, wenn möglich auslöschen zu wollen. Dieser Versuch wäre nicht nur aussichtslos, er wäre im Gegenteil ihr Triumph: dazu möchten sie euch gerne anstacheln, weil ihr euch damit ihren Handlungsanleitungen unterwerfen würdet.

Ebenso unangemessen wäre die Vorstellung von der unbesiegbaren Macht der dunklen Mächte in der Welt. Sie möchten euch gerne einreden: Es gelte, ihre Übermacht einzusehen, sie sei als eine nun einmal gegebene Tatsache zu akzeptieren, das sei Realismus. Es gebe keinen Fortschritt. Der darauf gerichtete Idealismus sei Illusion, alle darauf gerichteten Versuche seien gescheitert und würden auch künftig scheitern. Denn damit können sie euch in Resignation, Hoffnungslosigkeit und Passivität treiben, mehr noch: in die Überzeugung, dass es Gott und die Welt des Himmels gar nicht gebe.

Die eine Haltung ist so unrealistisch wie die andere. Die erstgenannte beruht auf einer Unterschätzung der dunklen Mächte, die zweitgenannte auf ihrer Überschätzung. Beide verkennen, dass es nur einen Weg gibt, sie zu besiegen, nämlich den, sie zu überzeugen.

Die erste Voraussetzung dafür ist, dass ihr das Böse aus dem Zentrum eurer Aufmerksamkeit verbannt, indem ihr versucht, das Gesamt der Schöpfung in den Blick zu nehmen und das Böse richtig einzuordnen. Das gelingt nicht leicht, aber macht einmal den Versuch, die Schöpfung aus der Perspektive anzuschauen, aus der Gott sie sieht. Dazu gebe ich euch eine

Übung:

Stellt euch vor, der Vater käme persönlich in euer Stadtviertel zu Besuch, nähme euch an die Hand und zeige euch die Welt. (Keine Angst: ihr werdet damit nicht größenwahnsinnig, ihr würdet sonst ganz schnell auf euer menschliches Maß zurückgeschrumpft, dafür gibt es genügend ernüchternde Tatsachen in der Welt.) Was würde der Vater euch zeigen?
Er sieht natürlich alle die Verletzungen der Menschen und der Natur, die Nöte, die Ängste, den Kummer. Da ihr das alles sowieso seht, würde er euch vor allem auf all das Schöne und Heile hinweisen, das es *trotzdem* gibt und das ihr so leicht aus dem Blickfeld verliert: die Tiere und Pflanzen zwischen all dem Beton, die Farben der Gegenstände, das Sonnenlicht und seine Spiegelung in Fenstern und Gewässern, die Wolken und Gestirne, die Tageszeiten, die Jahreszeiten, und darin das pulsierende menschliche Leben: all die kleinen Freundlichkeiten, Hilfen und Rücksichtnahmen, die liebenden Paare, die Vorfreude der werdenden Eltern, die Hoffnungen, die Dankbarkeiten, den Humor, den Frieden des Schlafes, die Kirchen und ihre Feste, die gläubigen Menschen und ihre Gebete – und so fort. Er würde euch sagen: »Schaut immer und überall auf das Schöne, achtet darauf und freut euch daran. Dann werdet ihr sehen, dass es aufs Ganze gesehen das Hässliche bei weitem überwiegt.«

Wenn ihr diese Übung öfter macht, werdet ihr mit der Zeit ein Gefühl für das Verhältnis zwischen Licht und Dunkel bekommen. Was die Schöpfung vor allem eint, ist ein wunderschönes Lichtgewand, das alles Seiende umhüllt. Und darin gibt es nichts, was nicht doch geliebt werden könnte. Selbst die dunklen Hierarchien bleiben in der Liebe des Vaters. Er erträgt sie zwar mit Trauer, aber doch mit Großmut, er wird sie nie verstoßen. Sein Herz ist größer als das eure, aber er vertraut darauf, dass auch ihr – als sein Ebenbild und Gleichnis – lernen werdet, die ganze Schöpfung zu lieben.

4. Betrachten wir nun vor diesem Hintergrund zunächst den zweiten Halbsatz »erlöse uns von dem Bösen«. Ihr werdet ja nicht auf so krude Interpretationen verfallen wie beispielsweise »Eigentlich sollte Dein Sohn Jesus Christus die Welt erlöst haben, aber damit war's wohl nichts, jetzt nimm Du das bitte selbst in die Hand.« Das wäre in mehrerer Hinsicht ein grobes Missverständnis.

Jesus Christus hat in der Tat die Welt erlöst, *erstens* indem sein makelloses Leben und Sterben eine noch immer ständig zunehmende Überzeugungskraft entfaltet hat, *zweitens* indem er ins Reich des Todes hinabgestiegen ist und dort die dunklen Mächte entmächtigt hat, sodass sie keine Seelen mehr gefangen halten können, *drittens* indem er Funken des Heimwehs in sie gelegt oder verstärkt hat. Mit diesem Wendepunkt hat er die Grundlagen für den Heilungsprozess gelegt, in dem die Schöpfung jetzt auf ihre Erlösung, nämlich die endgültige Heimkehr zum Vater, zuschreiten kann.[43]

Doch zur Erlösung gehört nun einmal die Freiwilligkeit, d.h. der freie, in Liebe und Dankbarkeit gegründete Entschluss jedes Menschen wie jedes hierarchischen Wesens. Weder der Vater noch der Sohn können und wollen das Schöpfungsprinzip der Freiheit antasten. Es bedarf deshalb noch weiterhin vieler Überzeugungsarbeit. Zu dieser seid ihr Menschen berufen, diese Aufgabe ist auch in eure Hände gelegt. Der ganze Himmel – die Trinität, die Welt der Engel und der Heiligen – wird euch da-

43 Alexa Kriele: *Wie im Himmel so auf Erden. Die Botschaft der Engel.* Band 2, Kailash 2005, S. 137ff.

rin unterstützen. Also ihr könnt nicht die Hände in den Schoß legen und weder denken: Der Sohn hat's ja schon vollbracht, noch: der Vater soll's richten.

Vielmehr legt ihr mit der Bitte »Erlöse uns von dem Bösen« zugleich ein *Versprechen* ab: Ich will mit meinen Kräften dazu beitragen, dass das Böse überwunden wird und das Gute Schritt für Schritt triumphiert, bis am Ende der Zeiten die ganze Schöpfung zum Vater heimkehrt. Ihr bittet: »Gib uns die Kraft, an dem Erlösungswerk mitzuarbeiten, gewähre uns weiterhin Schutz und Führung, wenn die Versuchung an uns herantritt.« Indem ihr das bittet, tut ihr euren Willen kund, mitzuarbeiten und der Versuchung Widerstand entgegenzusetzen.

Ihr habt ja schon bei der Betrachtung der anderen Bitten des Vater-unser gesehen, dass ihr nicht den Vater auffordert, sich zu kümmern, sondern dass ihr euch selbst einbringt. Ihr bringt zum Ausdruck: Es ist *mein* Herzenswunsch, dass Dein Name geheiligt werde, und das heißt ja nichts anderes als: *Ich will* ihn heiligen. Ebenso bei den anderen Bitten: Dein Reich komme: *Ich will* das meine dazu beitragen. Dein Wille geschehe *durch mich.* – *Ich will* helfen, dass alle ihr tägliches Brot haben. – *Ich will* meinen Schuldigern vergeben. Und so wird euch nicht überraschen, dass ihr auch hier implizit versprecht: *Ich will* meinen Beitrag dazu leisten, dass wir vom Bösen erlöst werden.

5. Wenden wir uns nun der ersten Satzhälfte zu: »Und führe uns nicht in Versuchung.« Es ist ja klar, dass es nicht der Vater ist, der euch in Versuchung führt, es sind vielmehr die dunklen Mächte. Das ist so selbstverständlich, dass es einfach vorausgesetzt werden kann. Als Jesus euch dieses Gebet gab, konnte er sozusagen in Kauf nehmen, dass Menschen, die noch zu wenig von seinem Lehren und Wirken verstanden haben, die Formulierung missverstehen könnten.

Eine gewisse Hilfe könnte es für euch sein, wenn ihr zunächst nur einmal sagt: »Führe uns«. Darauf liegt der Akzent. Das könnt ihr laut und deutlich betonen. Wenn ihr dann schnell und leise hinzufügt: »nicht in Versuchung«, denkt dabei: das ist ja sowieso klar.

Der Vater kann und will euch nicht vor Versuchungen bewahren. Er kann euch aber so durchs Leben führen, dass ihr von vornherein einigermaßen gewappnet seid: Ihr habt dann all die Heimtücken ihrer Methoden durchschauen gelernt, ihr habt erfahren, wie schön es ist, sich ganz in den Dienst des Himmels zu stellen, ihr habt durch eure ganze Lebensführung geübt, die Kräfte zu entwickeln, deren es bedarf, um den Versuchern entweder auszuweichen oder standzuhalten.

Mit dem Satz »führe uns nicht in Versuchung« bittet ihr um diese Führung. Ihr wisst zwar, dass ihr Tag für Tag den Angriffen der Versucher ausgesetzt seid und dass das unvermeidlich ist. Ihr wisst auch, dass es euch immer wieder misslingt, ihnen auszuweichen oder standzuhalten, dass euch das dann Leid tut und dass ihr, wenn es euch ernst ist, immer besser lernen könnt, damit umzugehen. Das ist Alltag.

Ihr wisst aber auch, dass ihr in besonderen Situationen in besonders gefährliche Versuchungen geraten könntet: Ihr fühlt, dass ihr diesen dann erliegen könntet und dass die Folgen nicht leicht wieder gutzumachen wären.

Jeder hat seine Schwachpunkte, an denen die Versucher ihn gern angreifen. Der eine fürchtet, seine Veranlagung zum Zorn könnte ihn einmal gewalttätig werden lassen, der andere, Habgier oder Leichtfertigkeit könnten ihn zu kriminellen Handlungen verleiten, der dritte, ein sexueller Rausch könnte zur Zerstörung seiner Familie führen, der vierte, sein Hang zur Trägheit oder zum Alkohol könnte seiner Karriere ein Ende setzen. Andere fürchten sich vor ihrem ideologischen Eifer, ihren Vorurteilen, ihren Ressentiments, ihrem Neid, ihrem Ehrgeiz, ihrem Egoismus, ihrer Selbstüberschätzung, ihrem Hochmut, ihrer Neigung zu moralisierendem Pharisäismus und so fort. Das sind typische Schwachpunkte, an denen ihr euch in besonderen Situationen in besonders gefährlicher Weise herausgefordert finden könntet.

Deshalb bittet ihr: »Führe uns nicht in so gefährliche Situationen, in denen wir der Versuchung womöglich nicht standhalten. Führe uns möglichst so, dass wir solchen Versuchungen von vornherein nicht ausgesetzt sind. Führe uns so, dass wir zumindest kein schwerwiegendes Unrecht tun, andere nicht verletzen und unser eigenes Leben nicht ruinieren. Führe uns so, dass wir wenigstens vor den besonders schwerwiegenden Angriffen der Versucher geschützt bleiben.«

Dann fügt in Gedanken noch hinzu: »Wenn wir aber der Versuchung erliegen, führe uns so, dass wir wieder herausfinden, stehe uns leitend und helfend bei.« Ihr bittet also auch: »Führe uns in der Versuchung.« Das ist durchaus mit gemeint. Es ist allerdings nicht das, um was ihr in erster Linie bittet. In erster Linie bittet ihr um Schutz vor der Versuchung, dann aber auch um Begleitung in der Versuchung.

6. Worin kann diese Führung konkret bestehen? Zunächst einmal wisst ihr ja, dass euch der Vater einen Schutzengel und einen Führungsengel beigegeben hat und dass noch mehrere andere Engel in euren Innenräumen leben und wirken. Sie achten darauf, dass ihr möglichst nicht von der Lebensplanung abweicht, die ihr mit eurem Sonnenengel abgesprochen habt: ihr wolltet ja zum Heil der Welt auf die Erde kommen. Jeder von euch – ganz individuell und persönlich – ist also mit helfenden, schützenden, führenden Begleitern ausgestattet, die sich im Dienst des Vaters um eure jeweils aktuellen Lebensprobleme ganz gezielt und konkret sorgen und kümmern – um die großen Probleme nicht weniger als um die kleinen des Alltags. Ihr braucht nicht erst darum zu bitten, ihr bittet nur, dass das so bleiben möge. Damit drückt ihr zugleich eure Dankbarkeit für diese Fürsorglichkeit aus, aber auch eure Bereitschaft, auf ihre leisen Hinweise zu hören und ihnen Folge zu leisten. Ohne dieses Versprechen würde die Bitte um Führung ja keinen Sinn machen.

Diese Bereitschaft könnt ihr verstärken, indem ihr euch erinnert, dass die Mutter die Königin aller Engel ist und dass sie es ist, die euch mittels ihrer Engel schützt und leitet. Indem ihr den Vater bittet, euch vor der Versuchung zu bewahren, bittet ihr auch die Mutter: »Schütze uns und leite uns.« Ihr steht zu ihr im Verhältnis eines Kindes zur Mutter. Jesus hat euch gelehrt, dass ihr, um ins Himmelsreich zu kommen, werden solltet wie die Kinder (Mt. 18,3). Ich empfehle euch deshalb folgende

Übung:

Schließt die Augen und lasst die Vorstellung vor eure inneren Augen treten, wie die Mutter liebevoll ein Kind auf dem Schoß hat, und ihr seid dieses Kind. Gestattet euch diese

Freiheit, wie erwachsen ihr auch seid. Lasst für einen Moment den Gedanken an euren Beruf und euren sozialen Status fahren und bittet die himmlische Mutter: »Drück mich einmal an dein Herz und halt mich ganz fest. Ich traue mich nicht, allein dieser Situation zu begegnen. Ich weiß sonst nicht, wie ich aus ihr hinausfinde. Kannst Du mich ein Stückchen Weges begleiten?« Sie wird euch an die Hand nehmen und sagen: »Ich lasse Dich nicht allein, ich geleite Dich.« Versucht diese Szene so real wie möglich zu erleben.

Darüber hinaus wird euch der Vater auf den Sohn verweisen. Denn euch zu führen ist ja auch sein Part. Ihr wisst, dass Christus in eurer Inneren Kirche gegenwärtig ist, dass er über euch ist und dass er euch als euer Bruder zur Seite steht. Er ist immer bestrebt, euch vor Versuchungen zu bewahren oder euch durch sie hindurch zu führen. Stellt euch den Sohn so anschaulich wie möglich vor. Er ist jederzeit gesprächsbereit. Redet ihn an: »Mein Herr und Meister« oder, wenn ihr schon das Gefühl inniger Vertrautheit entwickelt habt: »Lieber Bruder, Du kennst meine Befürchtung, tritt bitte zwischen mich und meinen Doppelgänger und schirme mich gegen seine Angriffe ab, sodass ich nicht in seine Fallen tappe. Hilf mir, dass ich mich meisterlich verhalte. Gemeinsam mit Dir schaffe ich es. Sage mir bitte, worauf im Moment zu achten ist.« Seht euch als seine Jünger, so nah bei ihm wie einst Johannes. Er wird euch unterweisen und raten wie ein Lehrer seine Schüler oder wie ein Bruder seine jüngeren Geschwister. Horcht, was er euch sagt und dankt ihm. Dann liegt es in eurer Freiheit, ob ihr seinen Rat beherzigt oder nicht.

Mit der letzten Bitte gesteht ihr dem Vater zu, dass er gar nicht anders kann, als auch das Gefallene in seiner Schöpfung zu beherbergen. Ihr sagt ihm also: »Ich weiß, das Böse gehört dazu. Es ist mir zwar unangenehm; aber im Moment ist es mir so nahe gerückt, dass ich Dich bitte: Führe mich so, dass es mir nicht zu gewaltig begegnet und dass ich ihm nicht erliege. Ich meinerseits will tun, was ich kann, um es davon zu überzeugen, dass und warum es besser wäre, sich wieder zu Dir hinzuwenden.«

So steht ihr da *erstens* als ein ebenbildlicher Mitarbeiter Gottes, *zweitens* als ein Kind der Mutter, *drittens* als ein Schüler des Sohnes. In dieser Haltung betet nun das Vater-unser noch einmal ganz langsam und versucht, das eine oder andere, was wir besprochen haben, nicht nur gedanklich etwas besser zu verstehen, sondern zu erleben, das heißt euer Herz und Gefühl ganz davon durchdringen zu lassen.

Als ihr zu Beginn des Gebets gesprochen habt »Vater unser«, habt ihr euch erinnert, dass Gott sowohl der Vater des himmlischen Sohnes als auch euer Vater ist, dass der Sohn also euer Bruder ist. In der siebten Bitte seid ihr wieder bei dieser Besinnung angekommen. Die sieben Bitten bilden einen Kreis. Denkt künftig nicht mehr: ihr betet sie der Reihe nach von oben nach unten, sondern seid euch bewusst, dass sie gewissermaßen ringförmig komponiert sind: Alles steht zu allem in innerer Beziehung, bildet eine Einheit, ergänzt einander. Lernt es in seinen Zusammenhängen zu verstehen.

Denn Dein ist das Reich und die Kraft und die Herrlichkeit in Ewigkeit.

Diese Schlussformel steht zwar nicht im Urtext (Mt. 6,9, Lk. 11,2). Sie wurde aber nicht aus Willkür hinzugefügt. Man hatte das Gefühl: Das Vater-unser lässt eine innige Nähe zum Vater entstehen, da sei es angebracht, noch einmal die Größe und Erhabenheit dessen zu betonen, dem der Betende so nahe kommt. Dieser »Einfall« war inspiriert und stand im Einklang mit dem, was Jesus dem engsten Kreis seiner Jünger anvertraut hatte. Das Vater-unser war für alle bestimmt, es gehörte zu seinen öffentlichen Lehren. Den engsten Kreis lehrte er vieles darüber hinaus, was nicht überliefert ist. Manches davon ist aber im Laufe der Jahrhunderte auf dem Wege der Inspiration in die Tradition eingeflossen. Das wird auch weiterhin geschehen. Die Kirche steht ja erst am Anfang – 2000 Jahre sind nicht viel.

Der Hohelehrer: Um euch Sinn und Bedeutung der Formel ein wenig näher zu bringen, ist schon einmal darauf hinzuweisen, dass das nachfolgende »Amen« eine Besiegelung zum Ausdruck bringt: »So ist es und so sei es.« Damit sprecht ihr nicht nur eine individuelle Meinung aus. Ein *Siegel* enthält zwar auch einen Hinweis auf den persönlichen Urheber des besiegelten Textes, z.B. seinen Namen oder dessen Initialen. Es verweist darüber hinaus aber auch auf den Ursprung seiner Autorität, die nicht nur in seiner Person liegt, sondern in seiner amtlichen Würde, beispielsweise seinem Königtum oder seiner Ableitung aus einem königlichen Auftrag. Wenn ihr das Vater-unser mit dem Amen beschließt, so sagt ihr erstens: »das glaube und gelobe ich«, zweitens aber auch: »im Einklang mit der Trinität«. Erst dadurch wird das Amen zum Siegel.

Erinnert euch noch einmal an das, was ihr zu dem Satz »Dein Reich komme« besprochen habt: Der *Heilige Geist* lässt den

Geist Gottes zu euch hinabströmen, und er führt die Schöpfung auf den Heimweg zu Gott zurück. Der *Sohn* setzt das Wollen Gottes mit und durch euch in aktives Handeln um: seine Kraft ist es, die die Welt verändert, auf Gott zu bewegt. Die *Mutter* hütet den Glanz, die Schönheit, die Herrlichkeit der Schöpfung; sie gibt die Grundorientierung: Alles war gut, und es wird wieder gut werden.

Während ihr die Erfahrung des Sohnes im Handeln macht, macht ihr die Erfahrung der Mutter in der Kontemplation, im Loslassen, im Geborgensein. Ihr seid geborgen, denn ihr kommt aus dem Vater, der vor aller Zeit war und nach aller Zeit sein wird, und werdet zu ihm zurückkehren: Sein ist das Reich und die Kraft und die Herrlichkeit »in Ewigkeit«.

So findet ihr in dieser Schlussformel Hinweise auf das Walten der Trinität. Der Heilige Geist wirkt nicht im eigenen Namen, sondern im Dienst Gottes. Das *Reich* ist des Vaters Reich. Der Sohn setzt kraftvoll um, was Gott will: Seine *Kraft* ist des Vaters Kraft. Die Mutter hütet Glanz und Schönheit seiner Schöpfung: Deren *Herrlichkeit* ist des Vaters Herrlichkeit. Er selbst aber ist in *Ewigkeit.* Die Formel führt euch noch einmal hinauf zu Gott. Dann kehrt ihr zu euch selbst zurück und besiegelt im »Amen« euren Glauben und euer Gelöbnis.

Stellt euch die göttliche Person, auf die der einzelne Teil der Formel jeweils Bezug nimmt, möglichst bildhaft vor die inneren Augen. Das Reich – die mädchenhafte rúach, die Kraft – der Sohn in Gestalt des wirkmächtigen Jesus, die Herrlichkeit – die Mutter, die an der Seite des Vaters sitzend die Schöpfung hütet, die Ewigkeit – den Vater, der über allem thront.

Gewöhnt euch an, die Formel nicht nur in Zusammenhang mit dem Vater-unser zu gebrauchen, sondern immer dann, wenn ihr etwas sagt oder tut, womit es euch ernst ist, was ihr aus ganzem Herzen wollt. Sie genügt für sich allein als Gebet. Bekräftigt euer Wollen, indem ihr still im Innern sagt: »Denn Dein ist das Reich und die Kraft und die Herrlichkeit in Ewigkeit. Amen.«

Amen.

Der Hohelehrer: Das »Amen« ist das Siegel: So ist es und so soll es sein, oder kurz: So sei es. Das bedeutet viererlei:

1. Ihr setzt ein Siegel für die *Wahrheit* dessen, was ihr gesagt habt, für die Übereinstimmung mit der Realität. Dessen seid ihr gewiss, dafür legt ihr Zeugnis ab, dafür steht ihr ein.

2. Ihr setzt ein Siegel für euer *Gelöbnis:* Ihr habt nicht nur die Wahrheit gesagt, sondern ihr wollt euer Leben und Handeln daran orientieren. Das nehmt ihr euch vor, das versprecht ihr dem Himmel. Es ist euch ernst. Darauf lasst ihr euch festnageln, d.h. weder Verlockungen noch Drohungen sollen euch davon abbringen.

3. Ihr setzt ein Siegel für die *Wirksamkeit* des Aussprechens und Angelobens. Beides kann sehr große Wirksamkeit entfalten: in euch selbst, in den Menschen, für die ihr bittet, in den Seelen der Verstorbenen, in den Menschen, die eure Ausstrahlung wahrnehmen, in den dunklen Wesen, die ihr verunsichert und auf Dauer womöglich überzeugt. Es wird wirksam bis in die letzte Zelle der Schöpfung. »Amen« heißt auch: es werde wirksam.

4. Ihr setzt ein Siegel des *Dankes* und des *Lobpreises* dafür, dass ihr in Vollmacht des Himmels die Wahrheit sprechen und euch angeloben konntet und dass der Himmel das durch die ganze Schöpfung hindurch wirksam werden lässt. Er reagiert auf euer Beten mit Aufmerksamkeit und Freude; es bestätigt ihn in seinem Vertrauen in euch und in seiner Zuversicht, dass die Schöpfung heimkehren und alles gut werden wird. Ihr antwortet ihm

mit Lobpreis und mit Dank dafür, dass ihr Mitarbeiter an diesem Werk sein dürft.

Ihr solltet euch überhaupt mehr und mehr angewöhnen, alles, was ihr sagt und tut, in Vollmacht zu sagen und zu tun, sodass ihr immer ein »Amen« dahinter setzen könnt. Stellt euch vor: Es könnte das letzte Mal in diesem Leben sein, dass ihr Gelegenheit findet, das zu sagen und zu tun, es sei euer Vermächtnis, eure letzte Handlung, euer letztes Wort. Ist es die Wahrheit ohne Einschränkung und Vorbehalt? Könnt ihr mit ganzem Herzen dafür einstehen? Könnt ihr wollen, dass es dauerhafte Wirkung entfaltet? Könnt ihr vor dem Himmel dafür einstehen, wird es ihn erfreuen, könnt ihr ihm dafür danken?

Das wird euch gewiss nicht immer gelingen, das weiß der Himmel auch. Ihr könnt euch aber vornehmen, dass es euch immer öfter gelingen möge, und den Himmel bitten, euch zu helfen. Jedes Mal, wenn ihr das sichere Gefühl habt, diesmal sei es euch gelungen, dann fügt in Gedanken hinzu: »Amen.«

Jerach: Lasst uns noch einmal ganz langsam miteinander das Vater-unser sprechen und versucht, euch dabei Zeile für Zeile an das zu erinnern, was wir besprochen haben ... Damit möchte ich schließen.

Wir danken.

Ich danke für den Dank und ich danke auch dafür, dass ich das hier sagen durfte. Ich danke euch ganz herzlich für alle Geduld, Offenheit und Mitarbeit. Und ich danke euch schon im Voraus für alle weitere Hingabe an dieses Gebet, für alles was dadurch gelebt werden wird und was ihr vom Himmel auf die Erde bringt.

Denn Dein ist das Reich
und die Kraft
und die Herrlichkeit
in Ewigkeit.

AMEN.

Teil III

Gebete

Vater-unser-Gesten

Aspekt des Schöpfers

Vater unser im Himmel	*Hände zum Himmel*
1. Geheiligt werde Dein Name.	*Hände vor der Brust falten und wieder erheben.*

Aspekt des Ordners und Bewahrers

2. Dein Reich komme.	*Hände im Halbkreis von oben weit zu beiden Seiten.*
3. Dein Wille geschehe	*Hand an Hand wie eine Flamme (Bethaltung) vor das Herz führen.*
wie im Himmel,	*Linke Handfläche zeigt nach oben, rechte nach unten.*
so auf Erden	*Hände umgekehrt, (was aussagt, daß auch die Erde zum Himmel kommt).*

Aspekt des Gnädigen

4. Unser tägliches Brot gib uns heute.	*Hände bilden – im Bogen von beiden Seiten kommend – eine Schale vor dem Bauch.*
5. Und vergib uns unsere Schuld,	*Arme vor der Brust kreuzen, Kopf senken.*
wie auch wir vergeben unseren Schuldigern.	*Hände in offener A-Haltung nach unten, Handflächen weisen nach vorn, Vergebung ausströmend.*

6. Und führe uns nicht in Versuchung,	*Beide Arme nach links in eine den Doppelgänger abwehrende Geste.*
7. sondern erlöse uns von dem Bösen.	*Beide Arme nach rechts, Hände halten sich fest wie an einem Strick, d.h. sich zum Guten ziehen lassen.*

Drei Aspekte des Vaters

Denn Dein ist das Reich und die Kraft und die Herrlichkeit in Ewigkeit. Amen.	*Hand an Hand vor der Brust (Bethaltung), die Augen geschlossen. Mit den inneren Augen nach oben schauen. Bei »Herrlichkeit« tiefer Atemzug, bei »in Ewigkeit« ausatmen.*

Alexa Kriele: *Wie im Himmel so auf Erden. Die Botschaft der Engel.* Band 4, Kailash 2005, S. 13f. und Band 3, S. 71

Vater-Gebet der drei Aspekte

Vater unser,
der Du bist im Himmel,
geheiligt seien Deine Namen:

Allheiliger Schöpfer,
Odem in allem,
Dein Reich komme.

Allheiliger Bewahrer,
Ordnung in allem,
Dein Wille geschehe,
wie im Himmel, so auf Erden.

Allheilig Gnädiger,
Hoffnung in allem,
vergib uns unsere Schuld,
wie auch wir vergehen unseren Schuldigern.

Vater unser,
der Du bist in uns,
durchatme uns,
bewahre uns
und sei uns gnädig!

Amen.

ebd., Band 3, S. 72

Weiteres Vater-Gebet

Dank sei Dir, Allesbegründender,
Dank sei Dir, Allesumfassender,
Dank sei Dir, Alleserfüllender,
Vater im Himmel und auf Erden,
Vater in mir,
der Du mich schufst nach Deinem Bilde von Anbeginn –
denn Dein ist das Reich.

Lob sei Dir, Allesbegründender,
Lob sei Dir, Allesumfassender,
Lob sei Dir, Alleserfüllender,
Vater im Himmel und auf Erden,
Vater in mir,
der Du mich bewahrst in Deinem Bilde durch alle Zeit –
denn Dein ist die Kraft.

Ehre sei Dir, Allesbegründender,
Ehre sei Dir, Allesumfassender,
Ehre sei Dir, Alleserfüllender,
Vater im Himmel und auf Erden,
Vater in mir,
der Du mich führst zu Deinem Bilde in Ewigkeit –
denn Dein ist die Herrlichkeit.

Amen.

ebd., Band 3, S. 73

Gelobt seist Du Christus

Gelobt seist Du, Christus,
Sohn des allmächtigen Vaters,
Kind der allliebenden Mutter.

Wir dienen Dir,
der Du in uns wohnst und durch uns wirkst,
der Du in uns lebst
und durch uns lebendig wirst,
der Du in uns heiligst
und durch uns Heilung bringst.

Wir danken Dir,
Christus,
Licht des Vaters,
Liebe der Mutter,
Leben der Welt.

Wir bitten Dich:
Bleibe bei uns, in uns und über uns,
jetzt und bis an das Ende der Zeit.

Amen.

ebd., Band 2, S. 141. Dazu auch: Band 4, S. 126ff.

Sohnes-Gebete der drei Aspekte

Meister-Aspekt

Gelobt seist Du, Christus,
himmlischer Sohn,
Heiland in der Einheit.

Dank sei Dir, Christus.
Meister in allem über alles.
Durch Dich kam der Weg in die Welt.

Leite mich – ich folge.
Lehre mich – ich höre.
Läutere mich – ich trage.

Gelobt sei Dir, Christus,
Meister, dem wir die Füße nagelten:
Du bist mein Weg,
Dein ist jeder meiner Schritte.

Amen.

Richter- und Heiler-Aspekt

Gelobt seist Du, Christus,
himmlischer Sohn,
Heiland in Herrlichkeit.

Dank sei Dir, Christus,
Richter in allem über alles.
Durch Dich kam die Wahrheit in die Welt.

Richte mich her – ich bin bereit.
Richte mich aus – ich erkenne.
Richte mich auf – ich stehe ein.

Gelobt sei Dir, Christus,
Richter, dem wir die Hände nagelten:
Du bist meine Wahrheit,
Dein ist all mein Trachten.

Amen.

Erlöser-Aspekt

Gelobt seist Du, Christus,
himmlischer Sohn,
Heiland in Ewigkeit.

Dank sei Dir, Christus.
Erlöser in allem über alles,
durch Dich kam das Leben in die Welt.

Erlöse mich – ich lasse los.
Erlöse mich – ich lasse gehen.
Erlöse mich – ich lasse fahren dahin.

Gelobt sei Dir, Christus,
Erlöser, dem wir das Herz durchbohrten:
Du bist mein Leben,
Dein sei es zu jeder Zeit.

Amen.

ebd., Band 3, S. 68ff

Schutz-Ave-Maria

Gegrüßet seist Du Maria
voll der Gnaden.
Der Herr ist mir Dir.

Du bist gebenedeit unter den Frauen
und gebenedeit ist die Frucht Deines Leibes, Jesus,
der in uns wohnt und durch uns wirkt
(*oder:* der uns die Engel gesandt hat).

Heilige Maria, Mutter Gottes,
Herrin aller Engel,
Hüterin aller Suchenden,
Helferin in der Not,
schütze uns und leite uns,
jetzt und in der Stunde unseres Sterbens.

Amen.

ebd., Band 2, S. 139f. oder Band 1, S. 153

Ave-Maria der Weihnachtszeit

Gegrüßet seiest Du, Maria,
Magd auf Erden,
Königin in den Himmeln,
der Herr ist mit Dir.

Du bist gebenedeit unter den Frauen,
und gebenedeit ist die Frucht Deines Leibes Jesus,
den Du getragen, genährt, geliebt, gelehrt
und schließlich hingegeben hast zur Erlösung der Welt.

Heilige Maria, Mutter unseres Herrn,
trage und nähre, liebe und lehre auch uns,
auf dass wir Kinder werden in Dir.

Amen.

Oder:

Heilige Mutter,
trage und nähre, liebe und lehre mich,
so wie auch ich die Welt
tragen und nähren,
lieben und lehren will.

Amen.

ebd., Band 2, S. 263, 287

Ave-Maria der Passionszeit

Gegrüßet seist Du,
schmerzensreiche Mutter unseres Herrn,
die Himmel sind um Dich.

Du wirst angebetet unter den Frauen
und angebetet wird Dein Sohn, unser Herr,
um den Du gebarmt,
für den Du geweint
und mit dem Du gelitten hast
bis zu seinem Tod.

Heilige Mutter, wir bitten Dich:
Barme um uns,
weine für uns
und leide mit uns im Leben.
Und nimm uns in Deine Arme
in der Stunde unseres Sterbens.

Amen.

ebd., Band 3, S. 87f.

Ave-Maria der Pfingstzeit

Gegrüßet seiest Du, Maria, voll der Ehre,
der Herr ist mit Dir.

Du bist siegreich unter den Frauen,
und siegen wird die Frucht Deines Leibes, Jesus,
der mit dem Vater und Dir lebt und regiert in Ewigkeit.

Heilige Maria, Mutter Gottes,
Herrin aller Engel,
kämpfe für uns und siege für uns,
jetzt und in der Stunde unseres Sterbens.

Amen.

ebd., Band 1, S. 175

Sophien-Aspekt

Gegrüßet seist Du, Sophia,
segensreiche, väterliche,
heiliges Schweigen vor Raum und Zeit.

Dank sei Dir in der Mutter.
Dank sei Dir in den Himmeln.
Dank sei Dir in mir.

Dein Schweigen umhülle mich.
Dein Schweigen erfülle mich.
Heiliges Schweigen komme durch mich in die Welt.

Liegend in Demut,
knieend in Dankbarkeit,
stehend im Dienst,
bin ich Dein in Ewigkeit.

Amen.

ebd., Band 3, S. 66. Dazu Band 1, S. 167, 226ff.

Variante des Sophien-Aspekts

Gegrüßet seist Du, Sophia,
voll der Gnaden.
Der Herr ist mit Dir.

(Den folgenden Absatz schweigen:)
Du bist gebenedeit unter den Frauen,
und gebenedeit ist die Frucht Deines Schoßes Jesus,
der uns die Engel gesandt hat.

Heilige Sophia, Mutter Gottes,
Herrin aller Engel,
Hüterin aller Suchenden,
Helferin in der Not,

wir bitten Dich,
schweige für uns
und schweige mit uns,
und schweige für … (Name)
jetzt und in der Stunde seines (ihres) Sterbens.

ebd., Band 3, S. 133ff. Dazu Band 1, S. 166f., 226ff.

Bei Hilfsbedürftigkeit

Mutter, in Deine Hände
lege ich die meinen,
dass sie sanft werden und stark,
schmiegsam und kräftig.

Mutter, in Deine Hände
lege ich die meinen,
und aus deinen Händen
gib sie mir zurück,

voll der Gnade,
voll der Liebe,
voll des Lichts,
der Heiterkeit
und der Kraft.

Amen.

ebd., Band 3, S. 332

Anrufung des Heiligen Geistes

(Arme vor der Brust kreuzen:)

Heiliger Geist,
Geist allen Geistes,
Licht allen Lichtes,
Leben allen Lebens,
berühre mich.

(Hände in Bethaltung vor der Brust zusammenlegen:)

Heiliger Geist,
Geist allen Geistes,
Licht allen Lichtes,
Leben allen Lebens,
entflamme mich.

(Arme weit nach oben öffnen:)

Heiliger Geist,
Geist allen Geistes,
Licht allen Lichtes,
Leben, allen Lebens,
erfülle mich.

Amen.

ebd., Band 4, S. 176f.

Alexa Kriele

Die Engel geben Antwort

auf Fragen nach dem Sinn des Lebens

272 Seiten · Gebunden mit Schutzumschlag
ISBN-10: 3-7205-2350-0
ISBN-13: 978-3-7205-2350-9

Alexa Kriele, die bekannte Engel-Dolmetscherin, deren Tetralogie »Wie im Himmel, so auf Erden« begeisterten Zuspruch findet, stellt in ihrem Buch neue Botschaften der Engel vor. Die himmlischen Helfer geben erhellende und erstaunliche Antworten auf die schwierige Frage nach dem Sinn des Lebens und der Schöpfung.

KAILASH